بسم الله الرحمن الرحيم

الجدار العازل

في الضفة الغربية

إعداد

حسن ابحيص

د. خالد عايد

مركز الزيتونة

للدراسات والاستشارات

بيروت - لبنان

أولست إنساناً؟

(8)

سلسلة دراسات تتناول
الجوانب الإنسانية
للقضية الفلسطينية

تحرير

د. محسن صالح

Am I not a Human?
Book Series **(8)**

The Separation Wall in the West Bank

Prepared by: **Hasan Ibhais & Dr. Khaled 'Ayed**
Edited by: **Dr. Mohsen Saleh**

بيروت – لبنان

ISBN 978-9953-500-17-1

مركز الزيتونة للدراسات والاستشارات
ص.ب: 5034-14، بيروت – لبنان
تلفون: 803644 1 961+
تليفاكس: 803643 1 961 +
بريد إلكتروني: info@alzaytouna.net
الموقع: www.alzaytouna.net

تصميم وإخراج
م. مريم غلاييني

طباعة
Golden Vision sarl +961 1 820434

المحتويات

المحتويات 3

تقديم 5

مقدمة 7

أولاً: ما هو الجدار؟ 11

1. أكثر من فصل عنصري 11

2. مراحل بناء الجدار ومساره 14

3. مكونات الجدار ومواصفاته 20

ثانياً: الجدار أمام القانون 25

1. أمام محكمة العدل الدولية 25

2. أمام المحكمة العليا الإسرائيلية 29

ثالثاً: الجدار والاستيطان: 35

1. توسيع المستوطنات 35

2. سرقة الأراضي الزراعية ومصادر المياه 37

رابعاً: معاناة الفلسطينيين بسبب الجدار: 41

1. أرقام وإحصاءات: 42

أ. الأضرار المباشرة (هدم المنازل ومصادرة الأراضي) 42

ب. الأضرار الناشئة عن العزل على جانبي الجدار وإعاقة حرية الحركة 44

2. نماذج وشهادات: 50

3

• من جنين 51

• من طولكرم 53

• من قلقيلية وسلفيت 57

• من رام الله 61

• من بيت لحم 65

• من الخليل 70

خامساً: الجدار في القدس (غلاف القدس): 73

1. عزل القدس عن بقية أجزاء الضفة الغربية 74

2. معاناة سكان القدس بسبب الجدار: 79

أ. تهجير السكان 79

ب. اقتصادياً 83

ج. اجتماعياً 86

د. صحياً 86

هـ. تعليمياً 88

سادساً: في مواجهة الجدار... بلعين نموذجاً: 93

1. أفكار إبداعية لمواجهة الجدار 95

2. بلعين حقل تجارب للأسلحة 96

3. تحويل مسار الجدار 98

الخاتمة 101

هوامش 105

تقديم

يحاول هذا الكتاب، الثامن في سلسلة "أولست إنساناً"، تسليط الضوء على معاناة الشعب الفلسطيني الناشئة عن بناء "إسرائيل" جدارها العازل في الضفة الغربية، بمختلف أبعادها: الاقتصادية، والاجتماعية، والصحية، والتعليمية، وغيرها.

ويستعرض الكتاب تطور فكرة بناء الجدار في العقلية الإسرائيلية، ثم يقدّم تعريفاً بالجدار العازل الذي شرعت "إسرائيل" ببنائه منتصف سنة 2002، موضحاً أهداف بناء الجدار ومراحله ومساره ومكوناته. كما يتناول موقف القانون الدولي من بناء الجدار، مستعرضاً في هذا السياق الرأي الاستشاري لمحكمة العدل الدولية، والذي يرى في إقامة الجدار انتهاكاً للمواثيق والاتفاقيات الدولية، ويدعو المجتمع الدولي للقيام بمسؤوليته في إلزام "إسرائيل" بها.

ويفنّد الكتاب ادعاء "إسرائيل" بأن الدافع لبناء الجدار هو دافع "أمني"، موضحاً ارتباط مسار الجدار بحسابات السياسة، والاستيطان، والاستئثار بالأراضي الزراعية ومصادر المياه؛ ويشرح في المقابل الأضرار الناجمة عن بناء الجدار، من أضرار مباشرة كمصادرات الأراضي وهدم المنازل، وأخرى مترتبة على تقييد حرية الحركة والعزل على جانبي الجدار، بكل ما لهذا من انعكاسات على حياة الشعب الفلسطيني.

ويلتزم هذا الكتاب بالنهج المتّبع في كتب سلسلة "أولست إنساناً"، والذي ينقل المعاناة بأسلوب يخاطب العقل والقلب في إطار علميّ منهجيّ موثّق، مستعيناً ببعض المواد الداعمة من قصص وصور، تقرّب إلى القارئ بصورة أوضح ما يعانيه الشعب الفلسطيني تحت الاحتلال الإسرائيلي.

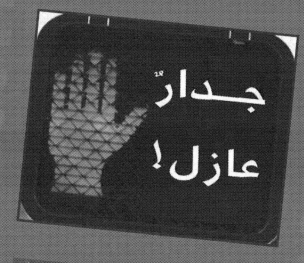

جدار
عازل !

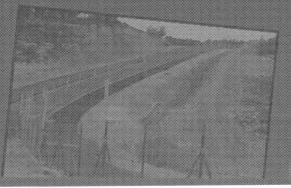

مقدمة

جدار إسمنتي رمادي اللون يجثم على صدر الأرض والإنسان، ويقف حائلاً بين الطالب وعِلمه، والمريض وعلاجه، والعامل ومصدر رزقه، ويقطع صلات الزواج والقربى، مفرقاً المنازل والأحياء والقرى عن بعضها البعض؛ وسياج حديدي يمنع الراعي عن مرعاه، والفلاح عن أرضه، ويحرم أشجار العنب واللوز والتين والزيتون من الرعاية التي كانت تلقاها على أيادي أصحابها. كلاهما أصم لا يسمع صرخات الإنسان الذي يدمّر حياته، ولا يحس نبض الأرض التي يمزقها، ولا يرى ذبول الأشجار التي غيّب عنها صاحبها، ولا يقيم وزناً للاتفاقيات والمواثيق الدولية التي ينتهكها.

هما معاً يشكّلان الجدار العازل أو الفاصل، جدار الفصل العنصري، السياج الأمني، جدار الضم والتوسع... وهي كلها أسماء لمسمى واحد.

ما هي حقيقة هذا المسمى: كيف ومتى بدأت فكرته؟ وكيف ومتى تحولت الفكرة إلى خطة عمل؟ إلى أين وصل تنفيذ هذه الخطة؟ ما هي انعكاساته على حياة الفلسطينيين اليومية وعلى مستقبلهم السياسي؟ وكيف يروي شهود عيان مشهد الجدار الذي يحز في قلوبهم وأراضيهم؟

يسعى هذا الكتاب لإجابة كل هذه الأسئلة وغيرها، مستعيناً بما كُتب عن الجدار العازل خلال أكثر من سبع سنوات مضت من عمره، وبالرأي الاستشاري لمحكمة العدل الدولية في لاهاي حول مدى قانونية الجدار، وبتقارير الأمم المتحدة ومنظمات حقوق الإنسان حول أثر الجدار على النواحي الإنسانية والاقتصادية، ومُستشهداً بروايات وشهادات أشخاص تضرروا من بناء الجدار، من شمال الضفة الغربية إلى جنوبها.

ويخصص الكتاب أحد فصوله للحديث عن الجدار العازل في مدينة القدس، أو ما يُسمّى بـ"غلاف القدس"، وتأثيره على تركيبتها الديموغرافية ومستقبل هويتها، مع تسليط الضوء على المعاناة المضاعفة لأبناء القدس بسبب بناء الجدار. كما يُقدّم نبذة عن نموذج تظاهرة بلعين الأسبوعية التي تحولت رمزاً لمقاومة الجدار.

صورة جوية لمقطع من الجدار
العازل في بلدة باقة الغربية في
طولكرم.

◄ رويترز، 2004/2/17.

9

جدارٌ
عازل!

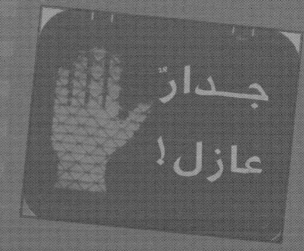

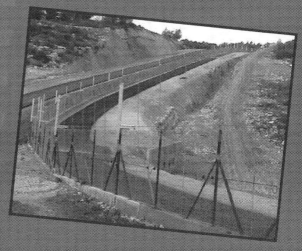

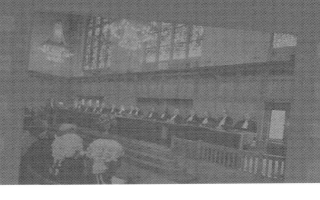

أولاً: ما هو الجدار؟

1. أكثر من فصل عنصري:

كانت فكرة إقامة جدار يعزل الضفة الغربية عن "إسرائيل" مطروحة لدى الإسرائيليين بعدة أشكال ومنذ سنوات؛ فهناك سابقة متمثلة في السياج الذي أحاط بقطاع غزة منذ اندلاع الانتفاضة الأولى سنة 1987، كما أن إسحق رابين فاز في الانتخابات الإسرائيلية سنة 1992 على أساس شعار "نحن هنا وهم هناك"[1].

وعقب اندلاع انتفاضة الأقصى، وتزايد العمليات الاستشهادية التي ضربت "إسرائيل"، تبلورت نواة فكرة الجدار الحالي، حين وافق رئيس الوزراء الإسرائيلي

إيهود باراك Ehud Barak في تشرين الثاني/ نوفمبر 2000 على إقامة "حاجز لمنع مرور المركبات الآلية"، كان يفترض أن يمتد من شمال غرب الضفة الغربية، إلى منطقة اللطرون جنوباً[2].

وبعد قدوم أريل شارون Ariel Sharon إلى رئاسة الوزراء، وتبنيه خطة الفصل التي كان سلفه قد بدأ بها، ثم كسبه التأييد السياسي لها، عمل شارون على ترجمة هذه الخطة إلى حقائق على أرض الواقع. ومن بين تلك الحقائق كان الجدار العازل في الضفة الغربية، والذي صادقت الحكومة الإسرائيلية على إنشائه في نيسان/ أبريل 2002، وبدأ العمل فيه في 2002/6/16.

وعن الدوافع التي وقفت خلف تبني هذه الخطة، أشار أحد الكتاب الصحفيين الإسرائيليين إلى أن فكرة السياج ظهرت مجدداً عقب بدء انتفاضة الأقصى، بحيث يُقام "على امتداد الخط الأخضر، أو بالقرب منه، ووراء الكتل الاستيطانية التي كان باراك وشلومو بن عامي Shlomo Ben-Ami يخططان لضمها إلى إسرائيل، في إطار اتفاق دائم مع الفلسطينيين"، لافتاً الانتباه إلى أن الحكومات الإسرائيلية المتعاقبة حاولت في الماضي تنفيذ خطة الفصل فعلاً، وخصوصاً بعد حدوث عمليات "تخريبية" شديدة. وتحدث في هذا الإطار عن عرض حزب العمل خطة "هألوفيم" في انتخابات سنة 1988، والتي اقترحت إقامة سياج فاصل على خطّ التماس، إلا أن نجاح حزب الليكود في تلك الانتخابات حال دون تقدمها. ثم عن طلب رئيس الحكومة إسحق رابين من وزير الأمن الداخلي موشيه شاحل Moshe Shahal وضع خطة فصل عن الفلسطينيين في أوائل سنة 1995، إثر عملية فدائية في بيت ليد، إلا أنها سقطت آنذاك لأسباب اقتصادية. كما أشار إلى

مبادرة أفيغدور كهلاني Avigdor Kahalani وزير الأمن الداخلي في حكومة بنيامين نتنياهو Benjamin Netanyahu إلى وضع خطة "متساديم" سنة 1996، والتي تتكون أساساً من "إقامة سياج وعوائق على امتداد الخط الأخضر، تحول دون عبور السيارات"، موضحاً أن تلك الخطة سقطت لأسباب سياسية، تعود إلى "الخوف الأزلي لدى اليمين من أن ترسم العوائق حدوداً للدولة غير مرغوب فيها".

ويُذكر أن الكاتب بدأ روايته لـ"قصة الفصل" بإشارة إلى صعوبة أن يسكن ستة ملايين إسرائيلي وأربعة ملايين عربي معاً؛ "لأن الاحتكاك بينهم مدمِّر، وينمي إرهاباً خطراً وفظيعاً"، حسب وصفه. ولكنه أشار في المقابل إلى استحالة إجراء "فصل محكم" بين الطرفين ما دام هناك مستوطنات في الضفة الغربية وقطاع غزة، خصوصاً وأن حماية المستوطنات أمر غير ممكن؛ "لأنه ليس هناك جيش في العالم يستطيع أن يحمي حماية مطلقة ثلاثة آلاف كيلومتر من الشوارع والطرقات التي تصل بين المستوطنات، وتصلها بداخل البلد"[3].

ومما سبق، يُظهر سياق تطور فكرة الجدار العازل أن جزءاً منها يقوم على الفصل العنصري بين التجمعات السكانية الفلسطينية والإسرائيلية، خاصة وأن مسار الجدار لا يلتزم بحدود الخط الأخضر، وإنما يلتف داخل أراضي الضفة الغربية ليضم المستوطنات الكبرى إلى "إسرائيل"، ويعزلها بالتالي عن محيطها الفلسطيني؛ حيث إن ثمانين كيلومتراً فقط، أي 10.4%، من طول المسار الكلي للجدار البالغ 770 كم ستكون مبنية على امتداد الخط الأخضر، فيما يقوم ما تبقى من الجدار على أراضي الضفة الغربية[4].

ولكن لا بدّ من الإشارة إلى أن جملة الأهداف والأبعاد، التي وضعتها "إسرائيل" في اعتبارها لإنشاء الجدار، تتجاوز مجرد فكرة الفصل العنصري هذه، ويمكن تلخيصها كما يلي [5]:

أ. البُعد الأمني: ويتمثل في منع تسلل المقاتلين الفلسطينيين من الضفة الغربية إلى فلسطين المحتلة سنة 1948، ومنع العمليات الاستشهادية.

ب. البُعد السياسي: ويتمثل في فرض التصور الإسرائيلي للتسوية النهائية مع الفلسطينيين، وفي الترسيم الأحاديّ الجانب للحدود، وفي الضم الفعلي للأرض وفرض حقائق عليها؛ بشكل يجعل من إنشاء دولة فلسطينية حقيقية أمراً مستحيلاً، ويفتح المجال لفرض سياسات التهويد وخصوصاً في القدس.

ج. البُعد الاقتصادي: ويتمثل بمصادرة أراضي الفلسطينيين الزراعية، ومصادر مياههم، وإعاقة قدرتهم على العمل والتنقل، ووضع الفلسطينيين تحت معاناة قاسية لدفعهم للهجرة والخروج من وطنهم.

د. البُعد الاجتماعي: إذ إن الجدار يُمزّق عن عمد النسيج الاجتماعي الفلسطيني، لأنه يعزل أحياء وقرى ومدناً كثيرة عن بعضها، ويمنع تواصلها الاجتماعي والعائلي، فضلاً عن انعكاسات الجدار السلبية على الخدمات الصحية والتعليمية لمئات الآلاف من المتضررين.

2. مراحل بناء الجدار ومساره:

تعمل خطة العزل التي أقرها الاحتلال على قضم نحو 39% من إجمالي مساحة

الضفة الغربية البالغة 5,876 كم²، وهي تقسم الضفة إلى ثلاثة أقسام رئيسية (انظر خريطة 1):

أ. منطقة أمنية شرقية تسيطر عليها سلطات الاحتلال بالكامل، وتبلغ مساحتها 1,555كم²، وهي تُعرف بمنطقة العزل الشرقية، وتمتد على مدى 200 كم.بمحاذاة غور الأردن[6]، أي ما يعادل 26.5% من مساحة الضفة الغربية.

ب. منطقة العزل الغربية، وهي المنطقة الواقعة بين الجدار العازل والخط الأخضر، وهي تخضع لسيطرة سلطات الاحتلال، وتبلغ مساحتها 733 كم² وفق التعديلات الأخيرة لمسار الجدار[7]، أي ما يعادل 12.5% من مساحة الضفة الغربية.

ج. المنطقة المتبقية والتي تبلغ مساحتها 3,588 كم²، تشكّل 61% من مساحة الضفة الغربية، وتضم المدن الفلسطينية الكبرى، وهي المنطقة التي قد تتنازل عنها "إسرائيل" للفلسطينيين، وفقاً للخطة الإسرائيلية.

خريطة (1): الجدار العازل وتقسيم الضفة الغربية

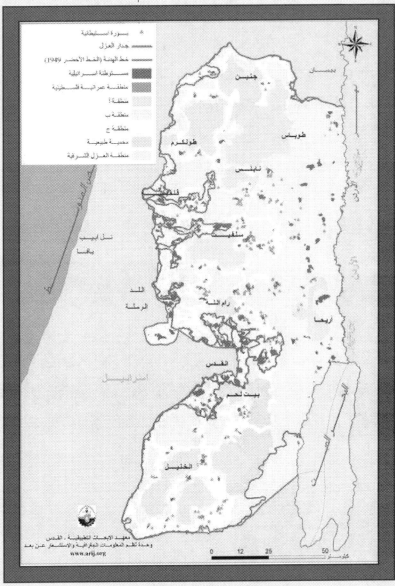

المصدر: معهد الأبحاث التطبيقية في القدس (أريج)، وحدة نظم المعلومات الجغرافية والاستشعار عن بعد.

وكانت الخطة الأولية التي أقرتها الحكومة الإسرائيلية للجدار العازل مقسمة إلى خمس مراحل، تمتد أولاها (المرحلة A) من قرية سالم شمال غرب جنين حتى قرية مسحة في محافظة سلفيت بالقرب من مستوطنة الكانا، إضافة إلى مقطعين في المناطق الشمالية والجنوبية من مدينة القدس، ضمن الجدار المحيط بالمدينة والمسمى "غلاف القدس". وقد تمّ الانتهاء من المرحلة الأولى في نهاية تموز/ يوليو 2003، ويستولي الجدار فيها على ما مجموعه 107كم² من مساحة الضفة الغربية.

أما المرحلة الثانية (B) فكانت تمتد من قرية سالم شمال غرب جنين، حتى خربة تل الحمة في محافظة طوباس على نهر الأردن، ومن غرب منطقة بردلة في محافظة طوباس باتجاه الجنوب حتى بلدة تياسير في المحافظة نفسها.

في حين كانت المرحلة الثالثة (C) تتركز في مجملها حول مدينة القدس، وتمثل القسم الأول منها في ثلاثة مقاطع؛ الأول من بيت ساحور إلى مفترق الزيتون، والثاني من منطقة قلنديا شمال القدس إلى مستوطنة عناتوت إلى الشرق من بلدة حزما، والثالث هو جدار شامل يطوق منطقة بير نبالا من جميع الجهات.

أما القسمان المتبقيان، فتركزا إلى الغرب من مدينة نابلس، وانقسما إلى عدة مقاطع، يمتد أبرزها من مستوطنة أريئيل إلى منعطفات مستوطنة كدوميم، ليشمل المنطقة التي تعتبر أكبر تجمع استيطاني في الضفة الغربية، والتي تعدّ مستوطناتها من أكبر المستوطنات لناحية المساحة وعدد السكان.

والمرحلة الرابعة (D) كانت تتركز في مناطق جنوب القدس وبيت لحم وغرب وجنوب الخليل. أما المرحلة النهائية فكانت تبدأ من مستوطنة كرمئيل؛ بحيث تمتد

مع السفوح الشرقية للسلسلة الجبلية الوسطى من الجنوب إلى الشمال، حتى تلتقي مع المرحلة B عند بلدة تياسير في محافظة طوباس[8].

ولكن تجدر الإشارة إلى أن تعديلات عدة أُدخلت على مسار الجدار منذ البدء في بنائه، حيث كان من المقرر أن يقضم ما مساحته 1,024 كم[2] من مساحة الضفة الغربية، أي ما نسبته 18% منها[9]. ولكن بعد التعديلات العديدة التي أدخلت على هذا المسار، بلغت مساحة الأراضي التي سيعزلها 733 كم[2]، تشكل حوالي 13% من إجمالي مساحة الضفة الغربية، وبلغ طول الجدار 770 كم، وذلك وفقاً للأرقام التي يذكرها معهد الأبحاث التطبيقية في القدس (أريج)[10]. ووفق ما ذكره الناطق باسم وزارة الدفاع الإسرائيلية شلومو درور Shlomo Dror في 2009/7/8، فقد اكتمل بناء 490 كم من مسار الجدار، وهو الرقم نفسه الذي كان قد أعلن عنه درور في شباط/ فبراير 2008، حيث أشار إلى أن الميزانية، إضافة إلى قرارات المحكمة العليا الإسرائيلية التي علقت البناء في حوالي 100 كم من إجمالي طول الجدار، كانت السبب الرئيسي في تأخير استكمال بناء الجدار[11].

ويوضح الجدول المقابل تطور مسار الجدار العازل والمساحة المقتطعة لصالحه[12] (انظر جدول 1).

جدول (1): تطور مسار الجدار العازل في الضفة الغربية 2002-2007

التاريخ	المساحة المقتطعة لصالح الجدار (كم²)	النسبة من مساحة الضفة الغربية (%)	طول الجدار (كم)	طول الجدار على الخط الأخضر (كم)
حزيران/ يونيو 2002[13]	1,024	17.4	734	–
حزيران/ يونيو 2004	633	10.8	645	83
شباط/ فبراير 2005	565	9.6	683	138
نيسان/ أبريل 2006	555	9.4	725	128
نيسان/ أبريل 2007	733	12.5	770	80

تجدر الإشارة هنا إلى وجود تضارب في الأرقام التي تتناول الطول الكلي الجدار وطول المسار المكتمل منه، ومساحة الأراضي التي يعزلها، وذلك بسبب خضوع مسار الجدار لمراجعات وتعديلات مستمرة. فخلافاً للأرقام الواردة أعلاه، تُشير أرقام مكتب تنسيق الشؤون الإنسانية التابع للأمم المتحدة إلى أن الطول الكلي للجدار يبلغ 709 كم، اكتمل بناء 413 كم منه (58.3%)، إضافة إلى 73 كم قيد الإنشاء (10.2%). ويذكر المكتب أن نسبة الأراضي التي سيعزلها الجدار تشكّل 9.5% من أراضي الضفة الغربية[14].

في حين تشير الأرقام التي توردها وحدة دعم المفاوضات التابعة لدائرة شؤون المفاوضات في منظمة التحرير الفلسطينية إلى أن الطول الكلي للجدار يبلغ 711 كم، اكتمل بناء 430 كم منها (60.5%)، إضافة إلى 48 كم قيد الإنشاء (6.7%)[15]. وتذكر الأرقام أن الجدار يعزل حوالي 9% من أراضي الضفة الغربية بين الجدار والخط الأخضر، إضافة إلى حوالي 8% من المساحة الواقعة داخل الجدار ستلحق بالمستوطنات الموجودة في تلك المنطقة، و28.5% هي المساحة الواقعة ضمن مساحة العزل الشرقية (انظر خريطة 2).

3. مكونات الجدار ومواصفاته:

يتكون الجدار في معظمه من الأجزاء التالية، بدءاً من الجانب الفلسطيني: ست لفات من الأسلاك الشائكة، يليها خندق عميق، ثم طريق ترابي أو معبد لمرور دوريات الاحتلال، ثم سياج مزود بأجهزة إنذار إلكتروني بارتفاع ثلاثة أمتار، وعلى الجانب الإسرائيلي يوجد طريق معبد لدوريات الاحتلال، محاط من جانبيه بممرين رمليين ممهدين يسمحان باقتفاء أي أثر على حدوث اختراق، ثم مجموعة أخرى من الأسلاك الشائكة، توجد خلفها أجهزة مراقبة إلكترونية[16] (انظر الشكل 1).

ويبلغ معدل عرض هذا الجدار حوالي ستين متراً. إلا أن الجدار في بعض أجزائه، يتكون من حائط إسمنتي بارتفاع ثمانية أمتار، وخاصة في مناطق الكثافة السكانية الفلسطينية[17].

خريطة (2): الجدار العازل وتقسيم الضفة الغربية

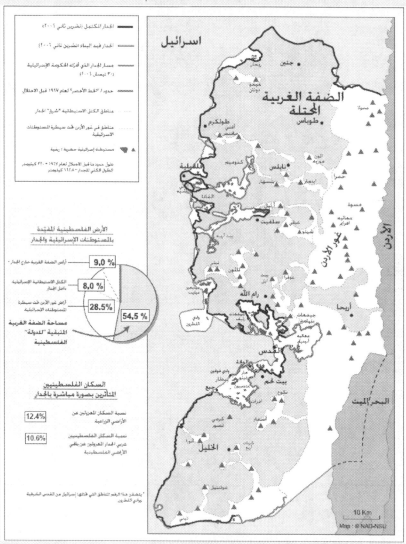

الخريطة: إعداد وحدة دعم المفاوضات – دائرة شؤون المفاوضات

(تجب الإشارة إلى أن الخريطة الصادرة باللغة الإنجليزية عن وحدة شؤون المفاوضات في تموز/ يوليو 2009، و المشار إليها سابقاً، تُظهر وجود تغيرات في بعض المقاطع المكتملة و المقرّة و المقاطع قيد البناء).

شكل (1): مقطع يوضح مكونات الجدار العازل

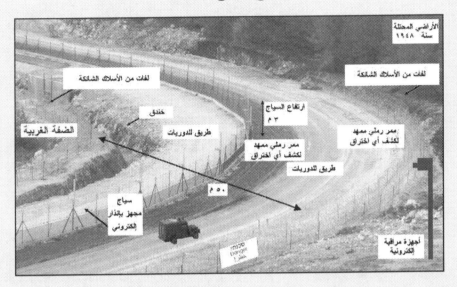

وقد أقيمت في الجدار 73 بوابة وحاجز تفتيش لغاية شهر تموز/ يوليو 2009، بهدف السماح بتنقل الفلسطينيين بين المناطق التي عزلت خلف الجدار وبقية أجزاء الضفة الغربية، إلا أن هذه البوابات تُعد من بين النقاط الأكثر تقييداً لحرية الحركة في الضفة؛ حيث يتوجب على حملة التصاريح أن يصطفوا عند البوابة لفحص وثائقهم وتفتيشهم شخصياً وتفتيش أمتعتهم، كما أن هناك قيوداً على دخول المواد والمركبات إلى المناطق المعزولة. وهناك شكاوى عن وجود إهانات ومضايقات عند البوابات، كما يفيد المزارعون بأن إدخال أدوات الزراعة والأسمدة الكيماوية ومواد البناء والأعلاف وغيرها تخضع لمزاج الجندي المتواجد عند البوابة[18].

جدول (2): البوابات الموجودة في الجدار العازل حسب نوعها[19]

نوع البوابة	وصفها	عدد البوابات
حواجز تفتيش المنطقة المغلقة	مخصصة أساساً لعبور سكان التجمعات الموجودة في المناطق المعزولة بين الجدار والخط الأخضر إلى الضفة الغربية ومنها، وهي تفتح نهاراً وتغلق ليلاً. ويمكن للمزارعين حاملي تصاريح الزيارة الوصول من خلالها إلى أراضيهم المعزولة خلف الجدار، وخاصة خلال موسم قطف الزيتون.	11
يومية	تفتح ثلاث مرات يومياً لمدة تتراوح ما بين 15-60 دقيقة، للسماح للمزارعين بالوصول إلى أراضيهم المعزولة خلف الجدار، ويتوجب عليهم مغادرة أراضيهم عند إغلاق البوابة في نهاية اليوم.	11
أسبوعية/ موسمية	تفتح عادة خلال موسم قطف الزيتون، للسماح للمزارعين بالوصول إلى أراضيهم المعزولة خلف الجدار، كما تفتح أيضاً لمدة تتراوح ما بين يوم وثلاثة أيام خلال أيام الأسبوع، على مدار السنة.	10
موسمية	تفتح لفترة محدودة خلال موسم قطف الزيتون السنوي، خلال الفترة تشرين الأول/ أكتوبر حتى كانون الأول/ ديسمبر.	17
تفتح بتنسيق مسبق	تفتح أساساً في المواسم من خلال تنسيق مسبق مع مكتب الارتباط الإسرائيلي في المنطقة، ويكون عبور هذه البوابات محصوراً بالأشخاص المدرجة أسماؤهم على قائمة موجودة عند البوابة، باستخدام بطاقة الهوية وليس باستخدام التصاريح المعمول بها عند بقية البوابات.	23
أخرى	بوابة بلعين وهي مفتوحة حالياً على مدار 24 ساعة بقرار من محكمة العدل العليا الإسرائيلية.	1
المجموع		73

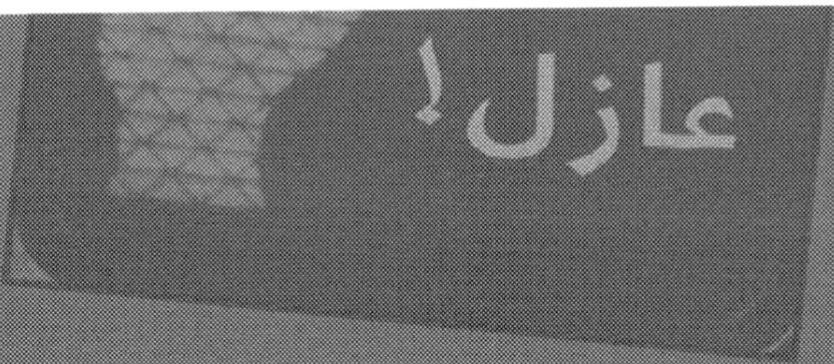

عازل !

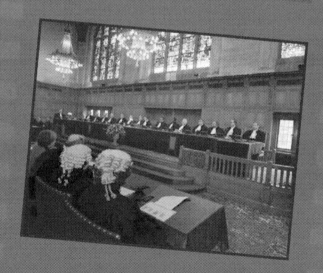

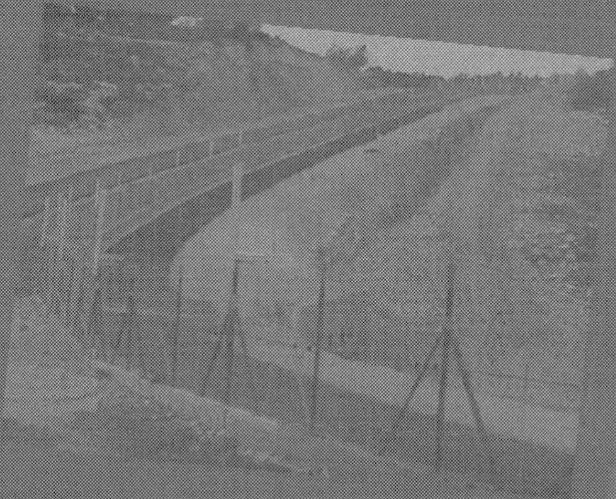

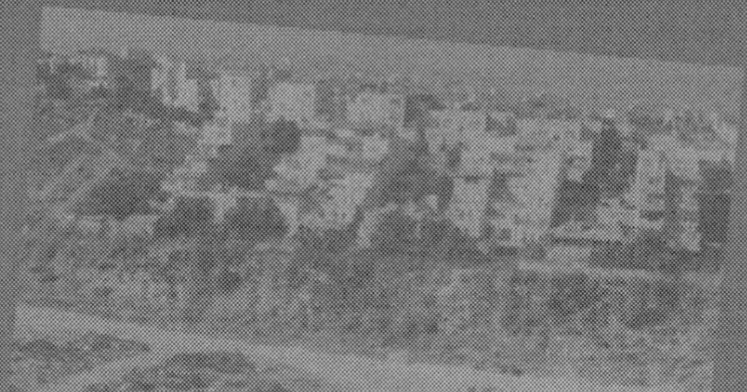

ثانياً: الجدار أمام القانون

1. أمام محكمة العدل الدولية:

بتاريخ 2003/10/9 تقدمت المجموعة العربية في الأمم المتحدة بمشروع قرار إلى مجلس الأمن، ينص على أن "تشييد إسرائيل، السلطة القائمة بالاحتلال، لجدار في الأراضي المحتلة، إخلالاً بخط هدنة سنة 1949، هو أمر غير قانوني بموجب أحكام القانون الدولي ذات الصلة، ويجب وقفه وإلغاؤه". إلا أن الولايات المتحدة استخدمت حقها في النقض لإسقاط مشروع القرار، على الرغم من فوزه بغالبية عشرة أصوات لصالحه[20].

وإثر فشل مجلس الأمن في اتخاذ القرار، طُرح الموضوع على الجمعية العامة للأمم المتحدة، التي اتخذت في 2003/10/21 قراراً بغالبية 144 صوتاً، يطالب "إسرائيل" بوقف بناء الجدار، كما يطلب من الأمين العام تقديم تقارير عن مدى تنفيذ هذا القرار. وبعد نحو شهر، قدم الأمين العام تقريره الأول، وقال فيه إن "إسرائيل" لم تنفذ القرار، وأنها ما زالت مستمرة في بناء الجدار، مرفقاً بتقريره معلومات عن الجدار وآثاره. وبعد هذا التقرير، اتخذت الجمعية العامة قراراً بإحالة الأمر إلى محكمة العدل الدولية في لاهاي لإبداء رأيها على وجه الاستعجال، في الآثار القانونية المترتبة على إقامة الجدار[21].

وتجدر الإشارة إلى أن "إسرائيل" قد رفضت التعاون مع هذا الطلب بدعوى عدم وجود صلاحية للمحكمة للبحث في هذه القضية. وفي الوثيقة التي قدمتها "إسرائيل" إلى المحكمة، بررت هذا الادعاء بكون الحديث يدور حول قضية سياسية وليست قانونية، وأن الإطار المناسب لبحث هذه القضية هو إطار العلاقات الثنائية بينها وبين الفلسطينيين. ولكن المحكمة ردت بأغلبية الأصوات هذا الادعاء، وأكدت شرعية و قانونية الأحكام الصادرة عنها، كما ردت ادعاء "إسرائيل" بأن وثيقة جنيف الرابعة لسنة 1949 لا تسري على المناطق الفلسطينية.

وإضافة إلى بحث موضوع الاختصاص بالنظر في قضية الجدار، بحثت المحكمة كذلك في تبعات الجدار وآثاره على حقّ الشعب الفلسطيني في تقرير مصيره، مشيرة إلى وجود مخاوف كبيرة من أن يؤدي مسار الجدار إلى إيجاد "حقائق على الأرض"، تؤدي إلى الضم الفعلي للمساحات والأراضي التي استولت عليها

"إسرائيل" وعزلتها لإقامته، مما يؤثر على الحدود المستقبلية للدولة الفلسطينية. ورأت المحكمة أن ضم "إسرائيل" الفعلي لأجزاء من الضفة الغربية يشكل خرقاً لحق الشعب الفلسطيني في تقرير مصيره.

وتناولت المحكمة أيضاً مدى قانونية الجدار العازل على ضوء القانون الدولي لحقوق الإنسان؛ مؤكدة أنه وبخلاف الادعاء الإسرائيلي، فإن هذا القانون يسري بأكمله على الأراضي الفلسطينية المحتلة. وأوضحت أن الجدار يمس مختلف الحقوق المذكورة في الاتفاقيات والمواثيق التي وقعت "إسرائيل" عليها، وأبرز تلك الحقوق: الحق في حرية الحركة، والحق في التنقل وفي عيش حياة كريمة، والمقننة في البنود 12 و17 من الميثاق الدولي بخصوص الحقوق المدنية والسياسية؛ والحق في العمل، والحق في مستوى حياة لائق، والحق في الصحة والتعليم، وهي مقننة في البنود 6، 11، 12 و13 من الميثاق الدولي الخاص بالحقوق الاقتصادية والاجتماعية والحضارية[22].

كما كان من بين الاتفاقيات والمعاهدات الدولية التي استندت إليها المحكمة عند النظر في هذه القضية، والتي يشكّل بناء الجدار العازل في الأراضي المحتلة انتهاكاً لها، اتفاقية لاهاي لسنة 1907، واتفاقية جنيف الرابعة لسنة 1949. وتنص الفقرة 23 من اتفاقية لاهاي على أنه "يحظر على أي قوة احتلال تدمير أو مصادرة أملاك العدو باستثناء الحالات التي تقضي بها الضرورة العسكرية". كما تنص الفقرة 49 من اتفاقية جنيف الرابعة على أنه "يحظر على القوة المحتلة بأن تقوم بنقل سكانها أو جزء منهم إلى الأراضي التي احتلتها"، وتنص الفقرة 147 منها

على أنه "يحظر على القوة المحتلة تدمير أو مصادرة الممتلكات التي تخص العدو إلا في حالة الضرورة العسكرية الملحة"[23].

وقد أصدرت المحكمة رأيها الاستشاري في 2004/7/9، ورأت فيه أن بناء الجدار العازل في الأراضي الفلسطينية المحتلة، بما فيها داخل شرق القدس وحولها، يعدّ مخالفاً للقانون الدولي، ودعت "إسرائيل" إلى وقف بناء الجدار، وتفكيك المقاطع التي تمّ بناؤها، وإلى الإلغاء الفوري لجميع الخطوات التشريعية والتنظيمية المرتبطة به. كما دعت جميع الدول الأعضاء في الأمم المتحدة إلى عدم الاعتراف بالوضع غير القانوني الناشئ عن بناء الجدار، وكفالة امتثال "إسرائيل" للقانون الدولي[24].

كما دعت "إسرائيل" إلى جبر الأضرار الناجمة عن المصادرة وتدمير المنازل والمحال التجارية والممتلكات الزراعية، وإعادة الأراضي وبساتين الفاكهة وحقول الزيتون وأية عقارات مصادرة أخرى، وتعويض الأشخاص المتضررين من بناء الجدار[25].

وقد صادقت الجمعية العامة على فتوى محكمة العدل الدولية، في 2004/7/20، مطالبة "إسرائيل" وجميع الدول الأعضاء في الأمم المتحدة بالتقيّد بالتزاماتها القانونية على النحو المذكور في الفتوى[26].

إلا أن "إسرائيل" واصلت بناء الجدار العازل، ورفضت المحكمة العليا الإسرائيلية في 2005/9/15 فتوى محكمة العدل الدولية، بحجة أنها لم تأخذ بالحسبان احتياجات "إسرائيل" الأمنية، ورأت بالتالي أن تلك الفتوى لا تلزم المحكمة العليا في "إسرائيل". وجاء ذلك في قرار للمحكمة سمحت فيه ببناء الجدار داخل

أراضي الضفة الغربية، عند وجود أسباب أمنية توجب بناءه في تلك الأماكن، غير أنها تركت تقدير الحاجة الأمنية إلى الجيش نفسه الذي يحتل تلك الأراضي ويتولى بناء الجدار[27].

وتجدر الإشارة إلى أن الذريعة الأمنية هي الحجة الرئيسية التي تتذرع بها "إسرائيل" لرفض التعامل مع قرار محكمة لاهاي، مدّعية أن بناء الجدار لا ينطوي على أهداف سياسية. غير أن هذا الادعاء كذّبه اعتراف من الحكومة الإسرائيلية بأنها تسعى لتحقيق أهداف سياسية من وراء بناء الجدار، وذلك في التماس قدمته النيابة العامة الإسرائيلية للمحكمة العليا أثناء نظرها في التماس مقدّم إليها ضدّ إقامة الجدار شرقي القدس[28].

وقد تكرر هذا الاعتراف في التماس آخر للنيابة العامة مقدم إلى المحكمة ذاتها في أثناء نظرها في التماس قدمه سكان قرية عزون، شرق قلقيلية، ضدّ امتداد الجدار على أراضيهم؛ حيث اعترفت "إسرائيل" في تلك الوثيقة بأن مسار الجدار لا تحركه دوافع أمنية فحسب[29]. كما صرح رئيس الوزراء الإسرائيلي إيهود أولمرت Ehud Olmert بأن كل من يسكن خارج الجدار هو خارج "دولة إسرائيل"[30]، مما يؤكد أن الجدار ليس أمنياً بمقدار ما هو ديموغرافي سياسي.

2. أمام المحكمة العليا الإسرائيلية:

على الرغم من موقف المحكمة العليا الإسرائيلية المتحيز لبناء الجدار، إلا أن المواطنين الفلسطينيين والمؤسسات الحقوقية المناهضة للجدار لجؤوا لاستخدام الأوراق القانونية أمام تلك المحكمة لمواجهته، وتمكنوا من تعديل مسار الجدار في

مواضع عدة من خلال الالتماسات التي قدموها. إلا أن هذه التعديلات تعتبر غير ذات قيمة مقارنة بمخطط بناء الجدار حول تجمع المستوطنات الرئيسية، وبالأخص "إصبعي" كدوميم وأريل اللذين سيستأصلان أجزاء من محافظتي قلقيلية وسلفيت، وتطويق مستوطنة معاليه أدوميم الذي سيكمل فصل شرقي القدس عن باقي الضفة الغربية، وتطويق تجمع غوش عتصيون الذي سيقسم منطقة بيت لحم المدنية عن ريفها الزراعي، مقوضاً أي تطور عمراني أو مدني محتمل[31].

الجدار أمام القانون:

إن تغلغل الجدار العازل في أراضي الضفة الغربية "كان وما يزال السبب الأساسي في انتهاك حقوق الإنسان بالنسبة للسكان الفلسطينيين الذين يعيشون في المناطق المجاورة للجدار".

➤ مركز المعلومات الإسرائيلي لحقوق الإنسان في الأراضي المحتلة-بتسليم، و مخططون من أجل حقوق التخطيط-بمكوم، تحت غطاء الأمن: توسيع المستوطنات في ظل الجدار الفاصل، أيلول/ سبتمبر 2005، انظر:
www.btselem.org/Download/200509_Guise_of_Security_Summary_Arb.doc

وأبرز التعديلات التي أقرتها المحكمة العليا الإسرائيلية هي:

• **مقطع جيوس – فلامية:** بعد معركة قضائية خاضها المواطنون الفلسطينيون مع السلطات الإسرائيلية المعنية، استمرت خمس سنوات، أصدرت المحكمة العليا الإسرائيلية في شهر تموز/ يوليو 2007 حكماً بتفكيك المسار الأصلي للجدار، والذي يمتد مسافة 4.2 كم في عمق أراضي القريتين ويصادر 20,028 دونماً منها؛ ليستوعب عملية توسيع مستوطنة تسوفيم التي أقامتها "إسرائيل" أصلاً على أراضي مواطني القريتين. وأمرت ببناء مسار جديد يقترب أكثر من الخط الأخضر، يصل طوله إلى 4.9 كم ويعيد للقريتين 11,628 دونماً من أراضيهما، إلا أن القرار أبقى مع ذلك على 16,400 دونماً معزولة[32] (انظر خريطة 3). وتضم الأراضي المعزولة أكثر المساحات إنتاجاً للفواكه والخضراوات، وأربعة آبار ارتوازية، وأغلب البيوت البلاستيكية الزراعية، بالإضافة إلى تجمع بدوي[33].

• **مقطع معالي أدوميم:** في شهر آب/ أغسطس 2008 أعلن مكتب الادعاء العام الإسرائيلي عن تعديل مسار الجدار في شرقي مستوطنة معالي أدوميم، الواقعة إلى الشرق من مدينة القدس المحتلة؛ الأمر الذي يترتب عليه إعادة أربعة آلاف دونم من أراضي الفلسطينيين التي ابتلعها المسار الأصلي للجدار، بغرض إقامة حي استيطاني جديد يستوعب 84 عائلة يهودية جديدة في مستوطنة كيدار المحاذية لمستوطنة معالي أدوميم. وقد جاء قرار تعديل مسار الجدار نتيجة لقرار من المحكمة العليا الإسرائيلية، فصلت فيه في دعوى قضائية رفعها مواطنون فلسطينيون في قرية السواحرة الشرقية، قبل إصدار الحكم بثلاث سنوات[34].

• **مقطع بلعين:** في 2007/9/4 أصدرت المحكمة العليا الإسرائيلية قراراً يقضي بإعادة رسم مسار الجدار في قرية بلعين الواقعة شمال غرب رام الله، وذلك بإزاحة مسار الجدار 500 متراً خارج المنطقة العمرانية للقرية ليقترب من "الخط الأخضر". وقد جاء هذا القرار ثمرة لسلسلة الالتماسات والدعاوى المرفوعة من أهالي بلعين إلى المحاكم الإسرائيلية، لتعديل مسار الجدار الذي ألحق أضراراً بالغة بحياة ووجود المواطنين في هذه القرية[35].

كما نصّ القرار على إزالة الجدار المقام بطول 1.7 كم على أراضي القرية، والتي صودر منها أكثر من 2,300 دونم، وعلى إعادة 1,100 دونم من تلك الأراضي إلى أصحابها[36].

وعلى الرغم من قرار المحكمة الإسرائيلية، إلا أن سلطات الاحتلال لم تقم بأي خطوة لتعديل مسار الجدار، وقد ذكر ميكائيل سفارد، محامي أهالي القرية، أن مسار الجدار الجديد (الذي سلمته السلطات الإسرائيلية إلى الجانب الفلسطيني في تموز/ يوليو 2008)، لا يتماشى مع الأمر الصادر عن المحكمة؛ حيث لم يأخذ جيش الاحتلال بعين الاعتبار القرارات والانتقادات الصادرة عنها[37].

خريطة (3): تعديل مسار الجدار في مقطع جيوس – فلامية

المصدر: معهد الأبحاث التطبيقية في القدس (أريج)، وحدة نظم المعلومات الجغرافية والاستشعار عن بعد.

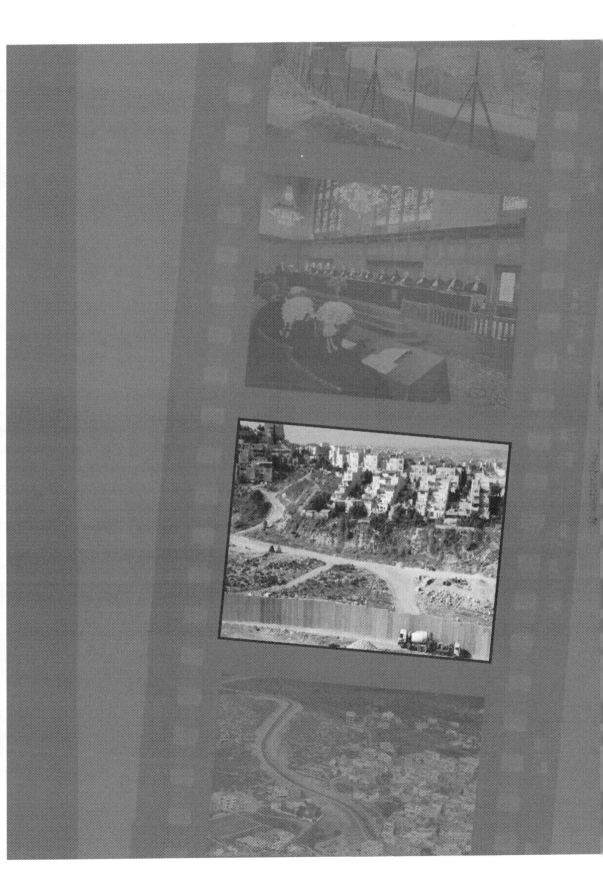

ثالثاً: الجدار والاستيطان

1. توسيع المستوطنات:

أكد تقرير صادر عن منظمتي بمكوم Bimkom وبتسيلم B'Tselem الحقوقيتين الإسرائيليتين، في أيلول/ سبتمبر 2005، أنه "على النقيض من الصورة البادية من موقف الدولة في المنتديات المختلفة، فإن خطط التوسيع للمستوطنات كانت تشكل اعتباراً ملحوظاً وسائداً جداً في عملية التخطيط لمسار الجدار الفاصل"، مشيراً إلى أن "أحد الاعتبارات المركزية لتحديد مقاطع كثيرة من مسار الجدار الفاصل كان ضم المساحات المخصصة حسب الخارطة الهيكلية لتوسيع مستوطنات معينة، وراء الجانب الإسرائيلي من الجدار"، ومضيفاً أنه "في جزء من هذه الحالات تشكّل هذه التوسيعات مستوطنات جديدة بكل معنى الكلمة".

وأوضح التقرير أن "معاينة المقاطع ذات الصلة في خرائط مسار الجدار الفاصل، تظهر أنه في معظم الحالات، تمّ تحديد مسار الجدار الفاصل على بعد مئات الأمتار وحتى آلاف الأمتار من آخر البيوت في كل مستوطنة"، لافتاً الانتباه إلى أن مسار الجدار يحيط بالمستوطنات بطريقة تفصلها عن باقي الضفة الغربية، ويولد تواصلاً على الأرض بينها وبين الأراضي الإسرائيلية. كما أكد التقرير أن "مراعاة خطط توسيع المستوطنات في عملية التخطيط لمسار الجدار الفاصل، أدت إلى تعاظم عملية انتهاك حقوق الإنسان لسكان القرى الفلسطينية المحاذية لهذه المستوطنات"[38].

ويذكر معهد الأبحاث التطبيقية في القدس (أريج) أن مسار الجدار العازل يضع 107 مستوطنات من أصل 199 مستوطنة مقامة في الضفة الغربية في الجانب الغربي (الإسرائيلي) من الجدار، ويبلغ عدد سكان هذه المستوطنات حوالي 425 ألف مستوطن، أي حوالي 80.2% من إجمالي عدد المستوطنين في الضفة، والبالغ 530 ألفاً. هذا بالإضافة إلى 38 مستوطنة يسكنها حوالي 12,530 مستوطناً تقع في منطقة العزل الشرقية[39].

ومن الأمثلة على بعض الحالات التي يراعي فيها مسار الجدار توسيع المستوطنات، مستوطنة تسوفين الواقعة بمحاذاة قلقيلية، والتي يعيش فيها حوالي ألف مستوطن، تسعى "إسرائيل" إلى زيادة عددهم إلى حوالي ستة آلاف. حيث كان الاعتبار المركزي في تحديد مسار الجدار حول تسوفين هو ضم الأراضي إلى الجانب الإسرائيلي؛ بغرض توسيع المستوطنة وإقامة منطقة صناعية. ويفصل هذا المسار قلقيلية عن 70% من أراضيها الزراعية، منتهكاً حقوق الفلسطينيين في حرية الحركة والعمل والإعالة والملكية.

وكذلك الحال بالنسبة لمستوطنة ألفي منشي، والتي يعيش فيها 5,700 مستوطن، حيث يهدف مسار الجدار، الذي يبتعد عن الخط الأخضر سبعة كيلومترات، إلى إبقاء أراض في الجانب الإسرائيلي من أجل توسيع المستوطنة فوقها، وينتج عنه ثلاثة جيوب فلسطينية نائية ومنفصلة عن بعضها البعض. وستكون خمس قرى فلسطينية، يعيش فيها حوالي 1,200 فلسطيني، محبوسة في جيب منفصل عن باقي مناطق الضفة الغربية.

ويتوجب على الفلسطينيين الذين يعيشون في الجيب أن يتقدموا بطلب للحصول على تصريح للعيش في بيوتهم، كما يستوجب الوصول إلى القرى المحبوسة في الجيوب المرور بالحواجز والأنفاق، وهي قيود تؤثر على كافة مناحي الحياة؛ كالخروج إلى العمل والدراسة، وتسويق المحاصيل الزراعية، والوصول إلى العلاج الطبي، والتواصل مع أفراد الأسرة والأصدقاء وغيرها[40].

2. سرقة الأراضي الزراعية ومصادر المياه:

إلى جانب الأهداف الاستيطانية التوسعية التي يراعيها مسار الجدار، فإنه يراعي كذلك الاستئثار بالأراضي الزراعية ومصادر الثروة المائية في الضفة الغربية.

فمن خلال دراسة طبيعة الأراضي المعزولة غرب الجدار، يظهر بشكل واضح أن "إسرائيل" قامت بشكل متعمد وتكتيكي بانتزاع أكبر قدر ممكن من الأراضي الزراعية والغابات والمناطق المفتوحة، مع أقل عدد ممكن من التجمعات الفلسطينية هناك؛ حيث تسعى "إسرائيل" إلى دفع الفلسطينيين للخروج من مناطق سكناهم في

منطقة العزل بشكل طوعي، بعد تضييق الخناق عليهم من خلال إجراءات العبور عبر البوابات للوصول إلى مناطق الخدمات الرئيسية، الأمر الذي يدفع العديد منهم إلى نقل سكنهم إلى مراكز المدن، وبالتالي ترك الأراضي الزراعية مباحة للمستوطنين الإسرائيليين. ويوضح الجدول التالي طبيعة المناطق المعزولة غرب الجدار العازل[41]:

جدول (3): تصنيف الغطاء النباتي للأراضي المعزولة غرب الجدار

التصنيف	المساحة (كم^2)	النسبة المئوية %
أراضي زراعية	348	47.5
مناطق عمرانية فلسطينية	25	3.5
مناطق تحت السيطرة الإسرائيلية (مستوطنات، قواعد عسكرية...)	110	15
غابات	81	11
مناطق مفتوحة	169	23
المجموع الكلي	733	100

وفيما يتعلق بسرقة مصادر المياه، ذكر الجهاز المركزي للإحصاء الفلسطيني أن بناء الجدار سيؤدي إلى تدمير أو عزل ما لا يقل عن تسعين بئر للمياه في الضفة، هذا عدا عن الينابيع التي تأثرت به، موضحاً أن المنطقة الغربية المعزولة خارج الجدار تقع فوق الحوضين الجوفيين الغربي والشمال الشرقي، اللذين تقدّر طاقتهما

التصريفية بحوالي 507 ملايين م³ سنوياً، في حين أن المنطقة الشرقية المعزولة تقع بكاملها فوق الحوض الشرقي بطاقة تصريف تقدّر بـ 172 مليون م³ سنوياً. وأشار إلى أن عدد الآبار الجوفية في هاتين المنطقتين يقدّر بـ 165 بئراً، بطاقة ضخ تقدر بـ 33 مليون م³ سنوياً. أما عدد الينابيع فيقدّر بـ 53 ينبوعاً، بطاقة تصريفية مقدارها 22 مليون م³ سنوياً.

وتجدر الإشارة إلى أن المياه المستخرجة من الآبار والينابيع الواقعة في المنطقة المعزولة والمصادرة، تستخدم لأغراض الاستهلاك البشري والزراعي والصناعي والسياحي، وهي لا تخدم التجمعات السكانية داخل المنطقة المعزولة فحسب، بل تُنقل وتستخدم في المناطق والتجمعات الموجودة خلف الجدار، وهو ما يعني قيام "إسرائيل" بنهب وسرقة نسبة هائلة من الموارد المائية التي سيتم حرمان الفلسطينيين منها، الأمر الذي يجعل من قضية المياه أمراً يهدد حياة الفلسطينيين[42].

كما تجدر الإشارة إلى أن الجدار يعزل من المسطحات المائية والأنهار الداخلية في المنطقة الغربية نحو 221 دونماً، بالإضافة إلى عزل نحو 685 دونماً في المنطقة الشرقية، والتي تشكل مجتمعةً 99% من مجموع مجاري المياه في الضفة الغربية[43].

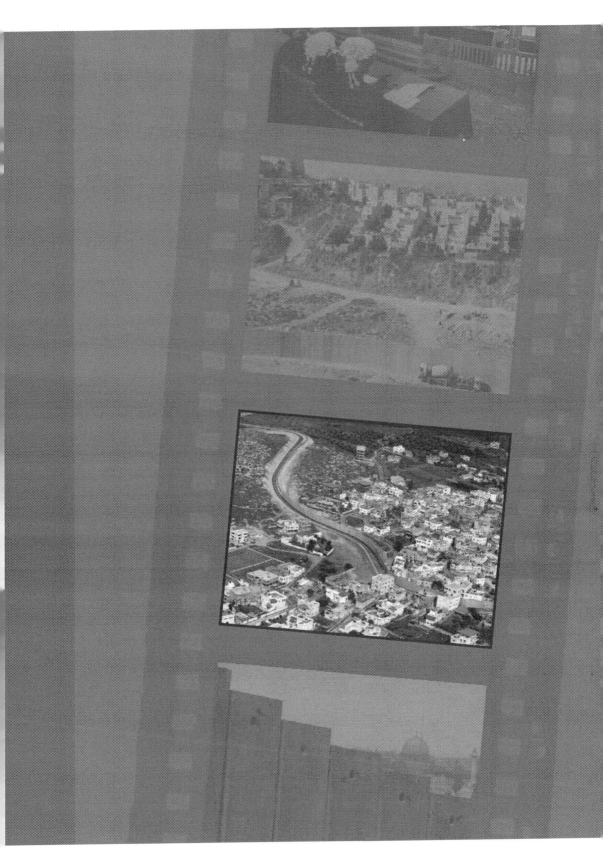

رابعاً: معاناة الفلسطينيين بسبب الجدار

يتناول هذا الفصل نماذج من صور المعاناة التي يتعرض لها الفلسطينيون بسبب بناء الاحتلال لجداره العازل في الضفة الغربية؛ من أضرار مباشرة متمثلة في هدم المنازل ومصادرة الأراضي، أو أضرار ناشئة عن عزل التجمعات السكانية على جانبي الجدار، ومنع حرية الحركة والتنقل، وهما الأمران اللذين يشكّلان الضرر الأبرز الذي ينعكس على حياة الفلسطينيين بأشكال عديدة من المعاناة، كالتهجير الداخلي، وتشتيت شمل الأسر ومنع التواصل بين العائلات، ومنع المزارعين من الوصول إلى أراضيهم، والعمال إلى أماكن عملهم، والطلاب والمدرسين إلى مدارسهم وجامعاتهم، والمرضى والطواقم الطبية إلى المستشفيات وأماكن الرعاية الصحية، وغيرها.

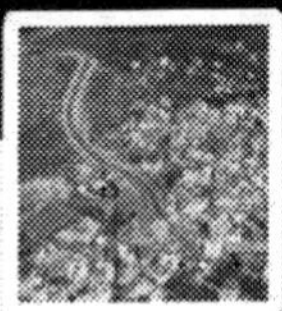

1. أرقام وإحصاءات:

أ. الأضرار المباشرة (هدم المنازل ومصادرة الأراضي):

تتمثّل الأضرار المباشرة الناتجة عن بناء الجدار العازل في هدم المنازل ومصادرات الأراضي من قبل سلطات الاحتلال بذرائع "أمنية". وقد ذهبت الأراضي المصادرة إما لصالح بناء الجدار، أو لتأمين مناطق عازلة، أو لصالح مستوطنات الضفة الغربية بغرض منحها مساحات إضافية في حال توسعتها.

وبالنسبة لهدم المنازل، ذكرت منظمة بتسيلم الإسرائيلية في 2008/4/3 أنه "خلال الأعوام الثلاثة الأخيرة، هدمت السلطات الإسرائيلية حوالي 166 بيتاً موجودة على مقربة من مسار الجدار الفاصل، طبقاً لمعطيات الإدارة المدنية". وأضافت أنه "طبقاً لهذه المعطيات، من المتوقع هدم حوالي 754 بيتاً إضافيا"[44].

أما فيما يتعلق بمصادرة الأراضي، فقد أشارت نتائج مسح أثر جدار الضم والتوسع على الواقع الاجتماعي والاقتصادي للتجمعات الفلسطينية التي يمر الجدار من أراضيها، حتى حزيران/ يونيو 2008، والذي أجراه الجهاز المركزي للإحصاء الفلسطيني، إلى أن ممثلي التجمعات السكانية المستهدفة بالمسح قدّروا مساحة الأراضي المصادرة حتى تاريخه بحوالي 49,291 دونماً[45].

وكان مسح سابق أجراه الجهاز المركزي للإحصاء الفلسطيني في آب/ أغسطس 2006، حول أثر الجدار على الأسر في التجمعات التي يمر الجدار من أراضيها، أشار إلى أن 19.2% من أسر التجمعات التي تأثرت بالجدار قد صودرت أراضيها كلياً، فيما بلغت نسبة الأسر التي صودرت أراضيها بشكل جزئي 28.5%. ولوحظ من

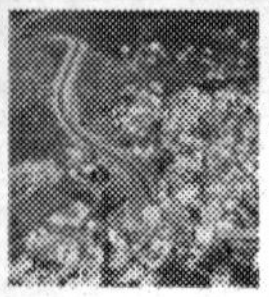

خلال النتائج أن معظم الأراضي التي تمت مصادرتها في التجمعات التي تأثرت بالجدار كانت تستخدم لأغراض الزراعة، حيث بلغت نسبتها 87.5%[46].

ب. الأضرار الناشئة عن العزل على جانبي الجدار وإعاقة حرية الحركة:

يمثّل العزل على جانبي الجدار وإعاقة حرية الحركة أبرز عاملين يضرّان بصورة يومية بحياة الفلسطينيين المقيمين بالقرب من الجدار، بمختلف جوانبها: الاقتصادية، والاجتماعية، والصحية والتعليمية، وغيرها. وقد أشار تقرير صادر عن مكتب تنسيق الشؤون الإنسانية التابع للأمم المتحدة United Nations Office for the Coordination of Humanitarian Affairs-Occupied Palestinian Territory (OCHA) حول أثر الجدار على الوضع الإنساني في الضفة الغربية، إلى أنه في حال اكتمال بناء الجدار وفق مساره الحالي، فإن 35 ألف فلسطيني يحملون بطاقات هوية الضفة الغربية سيتواجدون بين الجدار والخط الأخضر، عدا عن نحو 225 ألف فلسطيني من حملة الهوية المقدسية سيعزل غالبيتهم أيضاً بين الجدار والخط الأخضر، ونحو 125 ألف فلسطيني سيحيط بهم الجدار من ثلاث جهات، ونحو 26 ألفاً سيحيط بهم الجدار من الجهات الأربع، ويحصرهم في جيوب مغلقة[47].

وتجدر الإشارة إلى أن جيش الاحتلال الإسرائيلي قد أعلن المنطقة الموجودة بين الجدار والخط الأخضر منطقة عسكرية مغلقة منذ تشرين الأول/ أكتوبر 2003، مما يعني أن على أي فلسطيني تجاوز الـ 16 من عمره الحصول على تصريح من الاحتلال ليتمكن من مواصلة العيش على أرضه الواقعة داخل هذه الجيوب، كما أن على أي فلسطيني تجاوز الـ 12 من عمره الحصول على تصريح لزيارة هذه المناطق، بمن

فيهم العاملون في الزراعة. ويتبع الاحتلال سياسة صارمة في منح تصاريح الزيارة وتجديدها؛ بحيث يتعين على طالب التصريح تلبية جميع "المتطلبات الأمنية"، وتقديم إثباتات بوجود "علاقة له بالأرض" الواقعة داخل المنطقة المغلقة، وهو ما يشكّل مطلباً صعب التحقيق، حيث أن 33% فقط من الأراضي في الضفة الغربية مسجل رسمياً[48]، ويؤدي بالتالي إلى تقليص عدد الفلسطينيين الذين يستطيعون زراعة أراضيهم.

كما أشار الجهاز المركزي للإحصاء الفلسطيني، إلى أن عدد التجمعات السكانية الفلسطينية التي مر الجدار من أراضيها بلغ 171 تجمعاً مع نهاية شهر حزيران/ يونيو 2008، يسكنها نحو 5,400 فلسطيني، وقعت 14 منها بين الجدار والخط الأخضر، لتصبح معزولة كلياً عن بقية الضفة الغربية. في حين تضرر 157 تجمعاً سكانياً يسكنها نحو 707 آلاف فلسطيني بأشكال أخرى. وقُدّرت مساحة الأراضي المعزولة، وفق المسح، بحوالي 274,607 دونماً، لا يستطيع أصحابها الوصول إليها[49].

وفيما يتعلق بإعاقة الحركة والتنقل، فإن الوقت اللازم للتنقل وعبور الحواجز شكّل عائقاً في الحركة لأفراد 82.9% من الأسر المقيمة داخل الجدار، كما أثر الجدار على قدرة هذه الأسر على زيارة الأماكن المقدسة، بنسبة 95.2%، مقابل 88.1% للأسر التي تقيم خارج الجدار[50].

وقد دفعت الأضرار المذكورة آلاف الفلسطينيين لتغيير أماكن سكنهم هرباً من الجدار؛ حيث أشارت أرقام الجهاز المركزي للإحصاء إلى أن مجموع الأسر التي هُجّرت

بكاملها من التجمعات التي مرّ الجدار من أراضيها، حتى نهاية شهر حزيران/يونيو 2008، قد بلغ 3,880 أسرة، وبلغ عدد الأفراد المهجرين 27,841 فرداً[51].

إن المعاناه الشاقة التي يمرّ بها السكان، تثير الشك في أن نظام التصاريح هذا معدّ لزرع اليأس في قلوب أصحاب الأراضي التي أصبحت غربي الجدار، على أمل أن يتوقفوا عن فلاحتها.

"هذا الوضع الموجود يمس بصورة بالغة بالمزارعين، والذين يخضع مرورهم (في الصباح الباكر، وفي الظهيرة والمساء) للتقييدات الطبيعية الناتجة عن نظام التصاريح. إن هذا النظام يولد الطوابير الطويلة من أجل مرور المزارعين أنفسهم؛ ويجعل مرور السيارات صعباً (وهو ما يتطلب الحصول على تصريح للسيارة وفحصها) ويُباعد ما بين المزارع وأراضيه (وفقاً للأمر الموجود أمامنا، من المخطط إقامة بوابتين يوميتين فقط على امتداد مسار الجدار الفاصل). ونتيجة لهذا فإن حياة المزارع ستختلف بصورة جذرية. حقاً، إن مسار الجدار الفاصل يمس بصورة بالغة بحقهم في الملكية وفي حرية الحركة. إن الواقع الحياتي القاسي الذي يعانون منه الآن (من بين ذلك البطالة المنتشرة في المكان) سيزداد تفاقماً".

رئيس محكمة العدل العليا الإسرائيلية، واصفاً الضرر الذي يلحق بالمزارعين الذين يتم عزلهم عن أراضيهم، في قرار الحكم الصادر في القضية المرفوعة ضد الجدار في بيت سوريك.

◄ بتسليم، ستراها لكنك لن تدخلها: منع الفلسطينيين من الوصول إلى أراضيهم التي أصبحت غربي الجدار الفاصل في منطقة طولكرم – قلقيلية، حزيران/يونيو 2004، انظر:
http://www.btselem.org/Arabic/Publications/Summaries/200406_Qalqilia_Tulkarm_Barrier.asp

http://www.btselem.org/arabic/Separation_Barrier/20060124_Campaign_Test_Cases.asp

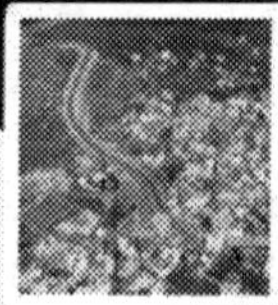

وبالانتقال إلى الجانب الاقتصادي، فإن الجدار قد منع التواصل بين سكان المناطق المعزولة خلفه والمدن الرئيسية القريبة منهم، مما قلّل من فرص التوظيف بالنسبة لهم؛ حيث بلغت نسبة البطالة في التجمعات التي تأثرت بالجدار، حتى شهر آب/ أغسطس 2006، حوالي 32%[52].

كما أن منع التواصل الذي أوجده الجدار بين جانبيه أدى إلى إعاقة حركة الزبائن والسلع، وفي هذا الإطار، أشارت تقديرات الجهاز المركزي للإحصاء الفلسطيني إلى أن مجموع المنشآت الاقتصادية التي أُغلقت منذ البدء ببناء الجدار وحتى حزيران/ يونيو 2008، بلغ حوالي 3,551 منشأة[53].

وفي القطاع الزراعي الذي يُعدّ أحد أكثر القطاعات تضرراً بالجدار، فإن الجدار أعاق حركة السلع الزراعية من القرى إلى المدن، مما أدى إلى الإضرار بالمزارعين، وإلى ارتفاع أسعار هذه السلع في المدن[54].

وقد ذكر تقرير صادر عن البنك الدولي أن حوالي 170 ألف دونم من الأراضي الزراعية الخصبة، تُشكّل ما نسبته 10.2% من مجموع الأراضي المزروعة في الضفة الغربية، قد تضررت بفعل الجدار، مشيراً إلى أن قيمتها الاقتصادية بلغت حوالي 38 مليون دولار، أي ما يعادل 8% من قيمة الإنتاج الزراعي الفلسطيني. وينبّه إلى أن حوالي 274,700 دونم من الأراضي الزراعية، تُنتج حوالي 20% من إجمالي الإنتاج الزراعي الفلسطيني، باتت مهددة بسبب منطقة العزل الشرقية، على امتداد وادي الأردن.

وأضاف التقرير أن التجمعات البدوية التي تعتمد على تربية المواشي كمصدر للرزق خسرت مساحات رعوية كبيرة، مما ترك أثراً مدمراً على مدخولها المادي، مشيراً إلى أن منطقة العزل الشرقية سوف تضمّ نحو 80% من الأراضي المستخدمة لرعي المواشي، ليقبى في المحصلة حوالي 225 ألف دونم فقط من الأراضي الرعوية (أي 15% فقط)، من أصل مليون ونصف المليون دونم[55].

وفي السياق نفسه، أشار تقرير صادر عن مكتب تنسيق الشؤون الإنسانية التابع للأمم المتحدة إلى أن القطاع الزراعي يشكّل ما نسبته 20-11% من اقتصاد الضفة الغربية، ويُشغّل حوالي 15% من القوى العاملة الرسمية، و39% من القوى العاملة غير الرسمية. ولكن المكتب ذكر أن مسحاً قام به بالتعاون مع وكالة الأونروا Refugees United Nations Relief and Works Agency for Palestine in the Near East (UNRWA) سنة 2007 أظهر أن "إسرائيل" منحت تصاريح لأقل من 20% ممن اعتاد على العمل في الأرض في المناطق الواقعة بين الجدار والخط الأخضر، والتي أعلنها الاحتلال منطقة مغلقة يستوجب دخولها الحصول على تصريح وفق القيود الصارمة التي سبق ذكرها. ويلفت التقرير الانتباه إلى أن أسباب رفض منح التصاريح تنوعت بين "الدواعي الأمنية"، و"عدم وجود علاقة بين مقدم الطلب والأرض"، و"عدم امتلاك أرض كافية"[56].

وفي الجانب الاجتماعي، ألحق الجدار ضرراً كبيراً بنسيج الحياة الاجتماعية والأسرية بالنسبة لسكان المناطق التي يمرّ من أراضيها، حيث فصل في العديد من الحالات أقارب من الدرجة الأولى عن بعضهم بعضاً، كما أصبحت زيارات

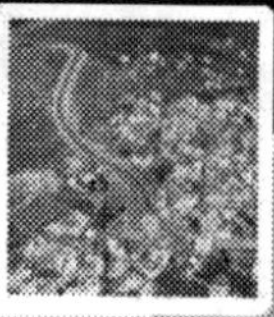

الأقارب المقيمين خارج المناطق المعزولة لأقاربهم المقيمين داخلها تخضع لسلسلة طويلة من الإجراءات البيروقراطية والتدقيقات الأمنية، في حين يضطر المقيمون داخل المعازل لقطع مسافات طويلة والمرور بعدة حواجز والخضوع لتدقيقات أمنية مطولة[57].

كما أن هذا الوضع يؤثر على روابط الزواج بين الفلسطينيين على جانبي الجدار، حيث أن الآباء أصبحوا يترددون في الموافقة على زواج قد يؤدي إلى عزل بناتهم، ويضطرهم للحصول على تصاريح لزيارتهن في حال انتقلن للعيش مع أزواجهن في المنطقة المغلقة، وقد تمّ فسخ العديد من الخطوبات خوفاً من هذا الوضع. كما أن الأهالي باتوا يخشون من تعرض النساء لعمليات التفتيش والتأخير على الحواجز، وبالتالي فقد قلّت حركة النساء والمشاركة الاجتماعية وفرص التعليم بالنسبة لهن نتيجة لذلك[58].

وتُشير أرقام الجهاز المركزي للإحصاء إلى أن 30.5% من الأسر الفلسطينية أو أحد أفرادها في التجمعات التي تأثرت بالجدار انفصلت عن الأقارب، كما تأثرت قدرة 87% من الأسر التي تقيم داخل الجدار على زيارة الأهل والأقارب، مقابل 53.1% من الأسر التي تقيم خارج الجدار[59].

وفي الجانب الصحي، تُشير الإحصاءات إلى أن 65% من الأسر الفلسطينية الواقعة داخل الجدار، شكّل لها الانفصال عن الخدمات الطبية (المستشفيات والمراكز الطبية) في مراكز المدن، عائقاً في الحصول على الخدمات الصحية، مقابل 39.4% للأسر الواقعة خارج الجدار. كما شكل عدم قدرة الكادر الطبي على

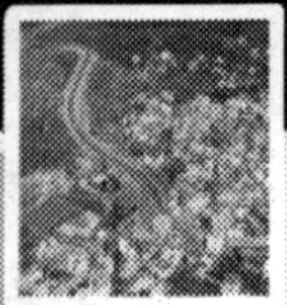

الوصول إلى التجمعات السكانية عائقاً لـ 63.3% من الأسر التي تقيم داخل الجدار ولـ 36.3% من الأسر التي تقيم خارج الجدار[60].

وتجدر الإشارة إلى أن الأضرار الصحية التي يسببها الجدار للفلسطينيين تمتد إلى الجانب النفسي؛ ففي قلقيلية على سبيل المثال، أظهرت دراسة للمركز الفلسطيني للإرشاد حول الآثار النفسية للجدار على سكان قرى المحافظة ارتفاع معدلات عوامل الاكتئاب، مثل اضطرابات النوم والأكل بين الأطفال والبالغين[61]، كما أظهرت الدراسة وجود نسبة كبيرة من الأعراض الجسدية الناتجة عن أسباب نفسية، كالدوار، وارتفاع عدد ضربات القلب، والشعور بوهن الجسد، إضافة إلى تزايد العدوانية لدى الأطفال، وغيرها من التأثيرات النفسية السلبية[62].

وفي الجانب التعليمي، أشار تقرير صادر عن وزارة التربية والتعليم العالي الفلسطينية في سنة 2006، إلى أن عدد المدارس المتضررة من بناء الجدار العازل في محافظات الضفة الغربية بلغ 124 مدرسة، وبلغ عدد الطلاب المتضررين فيها أكثر من 14 ألف طالب[63].

ولفت التقرير الانتباه إلى التأثيرات السلبية للجدار على العملية التعليمية، وأبرزها عدم انتظام العملية التعليمية في المدارس؛ بسبب منع عدد من الطلاب أو المعلمين من الوصول إلى المدارس في معظم الأيام، أو تأخير وصولهم عبر حجزهم لساعات طويلة. وهو ما قد يؤثر على مستوى التحصيل الدراسي للطلاب نتيجة تأخرهم في إنهاء المناهج المقررة، كما يؤثر على متابعة المدارس للأنشطة الصفيّة واللاصفيّة بسبب التركيز على إنهاء المناهج الدراسية المقررة فقط[64].

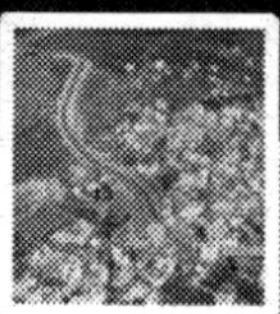

وقد أشار الجهاز المركزي للإحصاء الفلسطيني في آب/ أغسطس 2006، إلى أن 4% من الأفراد الفلسطينيين في هذه التجمعات قد تركوا التعليم بسبب الوضع الأمني والجدار. كما أن 85.3% من الأسر التي لديها أفراد ملتحقون بالتعليم العالي، اتبعوا طرقاً بديلة للوصول إلى جامعاتهم أو كلياتهم كوسيلة للتأقلم مع الصعوبات التي تواجههم، في حين أن 65.3% من الأسر اضطر أفرادها لتعطيل دراستهم لعدة أيام؛ بسبب إغلاق المنطقة[65].

2. نماذج وشهادات:

إن الأضرار الناتجة عن بناء الجدار وعزل التجمعات السكانية على جانبيه تمسّ كافة أشكال الحياة اليومية، ويمكننا إجمال أبرز أشكال المعاناة فيما يلي:

أ. هدم المنازل وتشريد السكان.

ب. مصادرة الأراضي.

ج. إغلاق المنشآت الاقتصادية.

د. اقتلاع الأشجار.

هـ. عزل التجمعات السكانية الواقعة غرب الجدار عن بقية أجزاء الضفة الغربية.

و. عزل السكان داخل جيوب مغلقة أو شبه مغلقة.

ز. عزل الفلاحين عن أراضيهم الزراعية.

ح. تهجير السكان ودفعهم لتغيير مكان إقامتهم.

ط. فصل الأسر والعائلات عن بعضها البعض.

ي. إعاقة أو منع التواصل الاجتماعي بين الأقارب.

ك. إعاقة أو منع وصول العمال إلى أماكن عملهم.

ل. إعاقة أو منع وصول الطلاب والمعلمين إلى مدارسهم وجامعاتهم.

م. إعاقة أو منع وصول المرضى والطواقم الطبية إلى المراكز الصحية والمستشفيات، إضافة إلى إعاقة وصول الطواقم الطبية إلى المناطق المعزولة لإسعاف المرضى في الحالات الطارئة.

● من جنين:

يعزل الجدار عدداً من قرى محافظة جنين عن مساحة كبيرة من أراضيها الزراعية والرعوية، ففي عانين على سبيل المثال يعزل الجدار ثمانية آلاف شجرة زيتون وغيرها عن القرية، وفي يعبد يعزل الجدار عشرة آلاف شجرة زيتون، ولا يسمح الاحتلال بإدخال الجرارات إلى المنطقة المعزولة مما يضطر المزارعين للاستعانة بسيارات الأجرة لنقل الزيتون في موسم الحصاد، وهو ما يؤثر بدوره على الإنتاج. وفي قرى أم دار والخلجان وخربة سروج انخفض عدد المواشي من ستة آلاف إلى 1,500 رأس منذ البدء ببناء الجدار وحتى سنة 2007؛ نتيجة لعدم تمكن رعاة هذه المواشي من الذهاب إلى المراعي التقليدية التي يعزلها الجدار خلفه، في حين ترعى المواشي الإسرائيلية في أراضي قريتي المطلة والمغير المعزولة خلف الجدار، مسببة ضرراً كبيراً لأشجار القرية المزروعة هناك[66].

ومن قرية طورة الغربية، تأتي قصة أحمد موفق قبها مع الجدار، وهو طفل يعاني من إعاقة عقلية وحركية، ويحتاج إلى والديه وأفراد أسرته لأداء معظم احتياجاته الشخصية.

في إحدى ليالي أيار/ مايو 2004، وفي حوالي 12:00 ليلاً، وبينما كان أفراد العائلة نائمين، أفزعتهم أصوات طرقات وصراخ: "جيش افتح باب"، قام رب البيت موفق قبها من نومه وهلع نحو الباب وفتحه، وإذا بأربعة أو خمسة من جنود الاحتلال يداهمون المنزل، وأكثر من 15 جندياً آخرين يتموضعون خارجه.

طلب الضابط من موفق أن يحضر جميع أبنائه الذكور إلى ساحة المنزل، بدعوى أنه يحمل أمراً عسكرياً يقتضي اعتقال أحدهم، فأحضر موفق طفليه، معتز وقيس، مستبعداً أن يكون أمر الاعتقال يستهدف ابنه الأكبر أحمد، كونه يعاني من وضع خاص، ولكن الأمر العسكري الذي كان يحمله الضابط كان يستهدفه بالفعل.

أحضر موفق ابنه بعد أن حاول شرح ظروفه الصحية وحالته العقلية للضابط دون نتيجة، فانهال الجنود على أحمد بالضرب المبرح والسباب والشتائم، ومن ثم اعتقلوه بتهمة إلقاء الحجارة على الجدار العازل.

وقد أصرّ جنود الاحتلال على اعتقال الطفل، على الرغم من محاولات والده إقناعهم بالعدول عن قرارهم بسبب وضع ابنه، فجَرّوه أرضاً نحو الدورية العسكرية حافي القدمين وبملابس النوم، وهم يركلونه بأحذيتهم وأعقاب بنادقهم، ثم نقلوه إلى معسكر سالم، حيث استمر احتجازه لمدة 26 يوماً، عرض خلالها على المحكمة مرتين. وبرأي الوالد فقد كانت المحاكمة "مهزلة حقيقية"، حيث كان القاضي يستجوب طفلاً لا يدرك ما يوجه إليه، فيما القاعة تضج بالضحك.

بعد المحاكمة الثانية، وافق القاضي على إطلاق سراح الطفل، على أن يدفع غرامة مالية تقدر بألفي شيكل وحبس لمدة ستة شهور، إذا ضبط متلبساً بمثل هذه الأعمال "التخريبية"، على مدى سنة كاملة[67].

• من طولكرم:

كان الاقتصاد في طولكرم يعتمد بصورة كبيرة على "إسرائيل"، لمحاذاتها للخط الأخضر. فقد كان الإسرائيليون يتسوقون فيها، وكان العديد من أبنائها يعملون في "إسرائيل"، ولكن الجدار أنهى ذلك كله، وأصبحت طولكرم تواجه تراجعاً اقتصادياً خطيراً.

إضافة إلى ذلك، فقد هدم الاحتلال نحو 60 مبنى و200 محل تجاري في محافظة طولكرم في السنوات الأخيرة، وصادر نحو 27 ألف دونم من أراضيها، وبات المزارعون يواجهون صعوبات متزايدة في الوصول إلى أراضيهم، مما يزيد المعاناة الاقتصادية للبلدة[68].

في قفين، على سبيل المثال، عزل الجدار حوالي 12 ألف شجرة زيتون عن القرية، وفي قرية فرعون تلفت مئات الدونمات المزروعة بالحمضيات والجوافة بسبب عدم قدرة المزارعين على الوصول إلى أشجارهم والاعتناء بها؛ حيث أن 149 شخصاً فقط من أبناء القرية البالغ عددهم 3,100 نسمة يملكون تصاريح للوصول إلى أراضيهم المعزولة خلف الجدار. كما تلفت في قرية الجاروشية 70% من أشجار اللوز الواقعة خلف الجدار، والتي كانت تنتج عشرة أطنان من اللوز سنوياً؛ بسبب عدم قدرة المزارعين على توفير العناية المنظمة اللازمة لهذه الأشجار. وفي زيتا

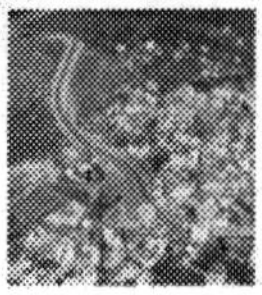

دمرت مياه الفيضانات في شهر شباط/ فبراير 2009 حوالي 11 دونماً من الدفيئات الزراعية و15 دونماً من المحاصيل البعلية بسبب انسداد مجاري الصرف الواقعة تحت الجدار. وفي خربة جبارة المعزولة بين الجدار والخط الأخضر، تناقص عدد الدواجن التي كان يربيها السكان من 120 ألفاً إلى 20 ألفاً فقط؛ نتيجة لمشاكل العبور بين جانبي الجدار. وفي الأراضي المعزولة التي تقع ضمنها البلدة، أُبلغ عن 4 حرائق منفصلة سنة 2008، وقد منع الاحتلال فرق الإطفاء من الدخول، واحترق 500 دونم من أشجار الزيتون نتيجة لذلك[69].

خربة جبارة نفسها تشكّل مثالاً على ما يتعرض له السكان من صعوبات بسبب الجدار، حيث يجدون أنفسهم محاطين تماماً بالجدار المتمثل بسياج كهربائي، يحوي بوابة واحدة يتحكم بها جنود الاحتلال، وتفتح ثلاث مرات فقط في اليوم، ولمدة لا تتعدى 15 أو 20 دقيقة في كل مرة، وعبورها مقصور على سكان البلدة دون غيرهم.

وفي غياب أي مصدر للرعاية الصحية في البلدة، فإن سكانها يعتمدون بشكل كامل على العيادة المتنقلة التابعة لهيئة الإغاثة الطبية الفلسطينية في طولكرم. ومع ذلك، فإن جنود الاحتلال المسؤولين عن البوابة يرفضون بصورة متكررة السماح لطاقم العيادة المتنقلة بالمرور، بحجة أنهم ليسوا من سكان البلدة.

ويوضح الدكتور عماد بركة الذي يعمل في هيئة الإغاثة الطبية، أنه بسبب محدودية أوقات فتح البوابة، فإن المرضى يجبرون على "التعامل مع أمراضهم خلال الوقت القليل الذي يملكونه صباحاً ما بين الساعة 7:40 والثامنة، وبعد

الظهر ما بين الساعة الثانية والثانية والربع، وفي المساء ما بين الساعة السابعة إلا ربعاً والسابعة". ويضيف: "السلطات الإسرائيلية لا تحاول فقط عزل بلدة جبارة، ولكن محو وجودها نفسه". وهنا تجدر الإشارة إلى أنه منذ بناء الجدار، منع جيش الاحتلال تسجيل أي كان كساكن في البلدة، وشمل هذا الأطفال الذين ولدوا في البلدة منذ سنة 2003[70].

• من قلقيلية وسلفيت:

تعدّ محافظتا قلقيلية وسلفيت الأكثر تضرراً بالجدار العازل بعد محافظة القدس، حيث يتغلغل الجدار في أراضي المحافظتين بشكل كبير، ليلتف حول عدد كبير من المستوطنات ويضمها إلى "إسرائيل"، مشكّلاً "إصبعين" يعرفان بإصبعي كيدوميم وأرئيل. ويقطع الجدار في هاتين المنطقتين حوالي 27 طريقاً معبدة و148 طريقاً زراعية، مدمراً إمكانية الوصول إلى الأراضي ومصادر المياه والأسواق، كما يعزل المحافظتين عن مساحة كبيرة من أراضيهما الزراعية الأكثر إنتاجاً، وهو ما يضرّ بالاقتصاد الزراعي فيهما، وقد انخفضت إنتاجية الأراضي الزراعية لبلدة جيوس، على سبيل المثال، من تسعة آلاف طن من الفواكه والخضار سنة 2002 إلى أربعة آلاف طن فقط سنة 2008[71].

في قلقيلية يحيط الجدار بالمدينة من ثلاث جهات ويعزل سبعة تجمعات بين الجدار والخط الأخضر، ويصادر حوالي عشرين بئراً من آبارها. أما سلفيت، التي كانت قد خسرت نحو 12% من أراضيها بسبب استيلاء سلطات الاحتلال عليها وتخصيصها لإقامة المستوطنات والمناطق الصناعية، إضافة إلى 10% أعلن عنها

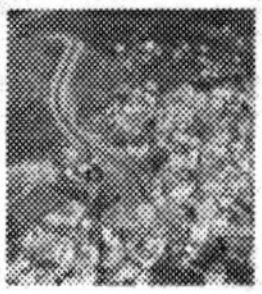

الاحتلال مناطق إطلاق نار لتدريبات جنوده، فيقضم الجدار حوالي 100 كم^2 من أراضيها، أي نصف مساحتها تقريباً، مشتتاً أراضي المحافظة إلى ثلاثة جيوب غير متصلة، ومضرّاً بالتالي بجميع المراكز السكانية الفلسطينية فيها؛ حيث يحاصر الجدار تسعة من قرى شمال المحافظة من ثلاث جهات ويتركها محصورة بين الإصبعين، ويحاصر جيب الزاوية، الذي يضم قرى الزاوية ودير بلوط ورافات، من جهاته الأربع، مع منفذ وحيد هو عبارة عن نفق يصله بباقي الضفة الغربية، مما يعني أن سكان معظم قرى المحافظة سيضطرون إلى سلوك تحويلة طويلة للوصول إلى المناطق الواقعة جنوب إصبع أرئيل وصولاً إلى مدينة سلفيت عاصمة المحافظة[72].

عندما شرعت "إسرائيل" ببناء الجدار الفاصل وأخذ يلتهم دونماً وراء آخر من أراضي جيوس، وضعت الحاجة صفية "أم أحمد" يدها على قلبها، فقد علمت ما تخبئ لها الأيام القادمة بين طياتها.

تقول: "صباح 2003/9/20 جاء حفيدي سامر في الصف الخامس يناديني (ستي ستي الحقي الأرض)... في ذلك الوقت عرفت أن الجرافات الإسرائيلية بدأت تقتلع أشجار الزيتون والبيارات وتدوس بجنازيرها الثقيلة الخضراوات التي تنغرس كما أحلامنا في هذه الأرض. ماذا أفعل؟ لمن ألتجئ سوى لله رب العالمين؟ هل البكاء سيعيد ما سلبته الغطرسة الإسرائيلية؟ لا أعتقد ذلك".

➤ هنادي دويكات، "جدار الفصل وقصص من حياة الفلسطينيين"، الجزيرة نت، 2004/10/3، انظر:
http://www.aljazeera.net/NR/exeres/D54E36A4-BF-42D7-B34B-A4C74F9C40BC.htm

منع الحياة: رسالة من جيوس

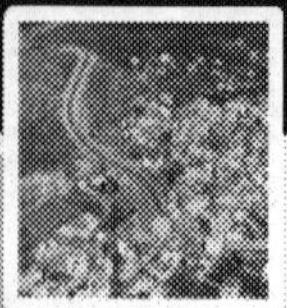

تقع جيوس فوق أغنى مستودع للمياه الجوفية في فلسطين، ولديها القدرة الزراعية على إنتاج جميع أنواع الفاكهة والخضار المعروفة في المنطقة. أما الآن فإن آبار المياه الستة في جيوس و75% من أراضيها أصبحت محاصرة وراء الجدار العازل، الذي أدى بناؤه إلى اقتلاع أربعة آلاف شجرة زيتون ولوز يملكها فلاحو جيوس. ومنذ انتهاء إقامة الجدار، انخفض عدد الدفيئات الزراعية من 136 إلى 72. وهناك عائلات في جيوس، ممن كانت تعيش برخاء من ناتج أراضيها، اضطرت لاختصار وجباتها الغذائية لكي تتمكن من دفع الأقساط المدرسية لأبنائها.

جيوس، الواقعة إلى الشمال الشرقي من مدينة قلقيلية، بلدة يقطنها 3,200 نسمة تشكّل 550 عائلة، تعتمد 350 عائلة منها على الزراعة بالكامل، فيما تعتمد 200 عائلة على الزراعة جزئياً. وبحسب سجلات جيش الاحتلال التي حصلت عليها لجنة الدفاع عن أراضي جيوس، لم يحصل 69 مزارعاً قط على تصاريح للوصول إلى أراضيهم، ولم يتمكن عشرون مزارعاً من تجديد تصاريحهم، مع أن ثمة أدلة على أن هذه الأرقام غير شاملة. أما الذين حصلوا على تصاريح، فيمكنهم الوصول إلى أراضيهم عبر واحدة من بوابتين، ثلاث مرات في اليوم، لمدة ساعة في كل مرة.

شريف عمر فلاّح من جيوس، يبلغ عمره 62 عاماً. وجهه أسمر ويداه خشنتان بسبب أعوام من العمل تحت أشعة الشمس، لكن قوته الجسدية الواضحة تتناقض وابتسامته الرقيقة وضحكته الساذجة المدوّية. فيما كنا نمشي في بساتين اللوز والمانغا والأفوكادو وأشجار الزيتون التي تمتلكها عائلته، كان يناديني "يابا"، أي "يا ابنتي"، ويحدثني عن بلدته.

إن الساعة تقترب من السادسة مساءً، موعد إغلاق البوابة، صعدت وشريف إلى تراكتوره لنغادر. لكن الجنود أخبروني أنني لا أستطيع دخول البلدة لأنها منطقة عسكرية، وأن عليّ أن أذهب إلى بوابة قلقيلية، على بعد أربعة كيلومترات تقريباً. وفيما أخذت أمشي غرباً، ألقيت نظرة إلى الوراء ورأيت يد شريف تلوّح بإشارة قوة مطوّقة بالعجز وهي إشارة صرت أعرفها جيداً، خلال بضعة أسابيع فقط.

- Margaree little, Barring Life: Letter from Jayyous- West Bank, Palestine Monitor, 25/6/2005, in: http://www.palestinemonitor.org/nueva_web/articles/eyewitness/barring-life.htm

ومن بين الصور العديدة للواقع الثقيل الذي يفرضه الجدار على الفلسطينيين، معين عطا، على سبيل المثال، شأنه شأن الآلاف غيره من الفلسطينيين الذين طوقهم الجدار العازل وجعل حياتهم رهناً به، يحتاج إلى عدة تصاريح مرور مختلفة من جيش الاحتلال كي يتمكن من مواصلة حياته اليومية. ويُبرز معين، وهو من سكان قلقيلية ويعمل في بيع الأشجار والأزهار، ثلاث نسخ لتصاريح: الأول لدخول "إسرائيل"، والثاني لعبور الجدار، والثالث من أجل التنقل بين مدن الضفة الغربية، ويقول: "دون هذه لا أتمكن من العمل والاستمرار".

أما راسم الجيوسي المقيم في رام الله، حيث يعمل في بيع أجهزة الحاسوب، فعندما حاول أن يعبر إلى بساتين عائلته في قرية جيوس المجاورة لمدينة قلقيلية، ردّه الجنود الإسرائيليون المتمركزون عند واحدة من ثلاث بوابات أقاموها هناك، بحجة أن التصريح الذي معه لا يحمل رقم البوابة المسموح له بدخولها.

وبالنسبة لشقيقه حلمي المقيم في جيوس، فهو يحمل تصريحاً سارياً لعامين، يصدره الجيش الإسرائيلي، ويحدد البوابة الخاصة بدخول الذين تقع أراضيهم إلى الجهة الغربية من الجدار. ويحدد التصريح كذلك فترة الدخول بساعات محددة، تبدأ من الصباح وتنتهي عند المساء، ولا يسمح بعده لأي فلسطيني بعبور المنطقة التي باتت عملياً جزءاً من "إسرائيل"[73].

ومن بين الشهادات عن آثار الجدار على أهالي منطقة قلقيلية، شهادة ياسين مرابعة. هو أب لعشرة أبناء، يسكن في قرية راس الطيرة الواقعة إلى الجنوب الشرقي لمدينة قلقيلية، والتي تبعد 700 م عن مستوطنة ألفي منشيه. يقول ياسين: "قبل بناء الجدار، كانت قريتنا طوال الفترة الماضية تحصل على معظم خدماتها من

بلدة حبلة، [...] الآن وبعد إقامة الجدار أصبحت طريق الوصول إلى حبلة عبر بوابة". ويضيف:

منذ عامين تقريباً مرضت ابنة أخي نبال توفيق، 9 سنوات، ووصلت درجة حرارتها إلى مرحلة تشكل الخطر على حياتها. فقام أخي بنقلها إلى حبلة وعندما وصل إلى البوابة منعه الجنود من العبور بحجة عدم وجود مفاتيح للبوابة، فقام بالاتصال بطبيب حيث قام بمعالجتها من خلال السياج، فقام بإدخال سماعة الفحص من خلال السياج، وعندما قرر أن يعطيها حقنة، لم يقدر، فأعطاها حبوب بدل الحقنة.

كما يروي ياسين صورة أخرى من المعاناة، متمثلة في منع السكان من التواصل مع أصدقائهم وأقاربهم الذين يقيمون في الجهة الأخرى من الجدار، فيقول:

هنالك العديد من النساء اللواتي يقيم أهلهن في المنطقة الواقعة شرقي الجدار. تزوج أخي زهران يونس من لبنى جابر منذ أربع سنوات، ومنذ إقامة الجدار لم يتمكن أهلها من زيارتها. وفي كل مرة يتم تقديم طلب الحصول على تصريح لهم، يتم رفضهم. وذلك يشمل والدتها وجميع أخواتها وإخوانها. يوجد العديد من الحالات المشابهة في القرية.

ويلفت ياسين الانتباه إلى أن:

هنالك عائلات تملك الأراضي والبيوت في القرية، وأملاكاً في منطقة أخرى، لم يتم إحصاؤها عندما تمّ إجراء التعداد السكاني للمنطقة في أواسط 2003، ولم يتم تسجيلهم، حيث تصادف عدم تواجدهم في بيوتهم يوم الإحصاء، الذي لم يتم الإعلان عنه مسبقاً. ومنذ ذلك الوقت لم يتم إعطاؤهم تصاريح للدخول إلى القرية والعودة إلى بيوتهم وأراضيهم[74].

في حين يروي معتصم عمر، أحد سكان بلدة عزون عتمة المحاطة بالجدار، أنه تعرض لحادث سير بينما كان برفقة ابن عمه عادل عمر، وصديقهما قصي علي، بتاريخ 2007/2/17، جراء انقلاب الجرار الزراعي الذي كانوا يركبونه. مما أدى إلى إصابة عادل نتيجة وقوع أحد جناحي الجرار عليه، فيما لم يصب هو ورفيقه قصي بأذى. ويضيف أن رفيقه تدبر إحضار مركبة لرفع الجرار وانتشال عادل من تحته، كما أحضر سيارته لنقل عادل إلى المستشفى.

يقول معتصم: "توجهنا إلى بوابة عزون عتمة. وصلنا إلى هناك في حوالي الساعة 22:20 ليلاً"، موضحاً أن البوابة الوحيدة للقرية كانت مغلقة، حيث تغلق يومياً في الساعة 10:00 ليلاً وتفتح في الساعة 6:00 صباحاً، ولا يوجد مخرج آخر للقرية. ويضيف:

نزلنا من السيارة ونادينا بصوت عالٍ على الجنود الموجودين في برج المراقبة. صرخت لهم باللغة العبرية أنه يوجد معنا في السيارة شخص مصاب من حادث يجب نقله بسرعة إلى المستشفى. كذلك فعل قصي الذي يتحدث العبرية أفضل مني، وشرح للجندي المتواجد داخل البرج عن ظروف عادل. طلّ علينا أحد الجنود من شباك صغير في برج المراقبة وأمرنا أن ننصرف ونبتعد عن البوابة.

يتابع معتصم قائلاً إنهما أصرا على البقاء وألحا تكراراً على الجنود للنزول من البرج لفتح البوابة، موضحاً أنه حاول تحريك رجلي المصاب الذي كان مستلقياً على الكرسي الخلفي في السيارة ليؤكد للجنود وجود حالة طارئة معهما. ويقول:

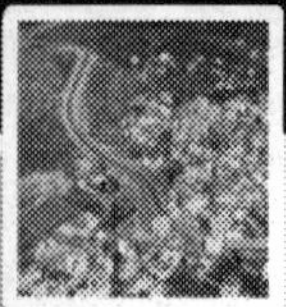

بعد 65 دقيقة تقريباً نزل ثلاثة جنود من البرج وحضروا إلى السيارة. شاهدوا عادل وتأكدوا من حالته الخطيرة التي تستدعي نقله إلى المستشفى. سألنا أحد الجنود ما الذي حصل، فأخبرناه عن الحادث وقام أحد الجنود بفتح البوابة. عوقنا الجنود على البوابة حوالي ساعة وعشرة دقائق.

ثم يضيف:

انطلقنا مسرعين إلى مستشفى الأقصى في مدينة قلقيلية. في الطريق شاهدت عادل يتنفس. وصلنا إلى هناك خلال 20 دقيقة [....] عند وصولنا تمّ إدخال عادل إلى غرفة الطوارئ حيث قام الأطباء والممرضون بفحصه، لكن عادل قد فارق الحياة. تبين أن عادل مصاب بكسور ونزيف داخلي في الصدر[75].

• من رام الله:

يمتد الجدار داخل أراضي محافظة رام الله ليضم إلى "إسرائيل" مستوطنات بيت أريه وأقرايم وموديعين عيليت وميفو هورون، بالإضافة إلى معظم أراضي وادي اللطرون، التي حُدّدت منطقة منزوعة السلاح بين الأردن و"إسرائيل" سنة 1949. وبالإضافة إلى عزل المحافظة عن آلاف الدونمات من أراضيها الزراعية، فإن الجدار يعمل على فصل مدينة رام الله عن مدينة القدس، كما يفصل عدداً من ضواحي القدس عن المدينة ويلحقها برام الله، بعد أن كانت القدس هي مركز حياتها[76].

وتشكّل حالة الفلاح الفلسطيني فخري عبد العزيز قديح، من قرية شقبا في منطقة رام الله، مثالاً آخر على الأضرار التي يلحقها الجدار بحياة الفلسطينيين في الضفة الغربية. فهو ككل فلاّح يتبع أعواماً من التقاليد في هذه المنطقة، ويعتمد على

بقرب شجرة كبيرة جفت غصونها بعد أن قطعت جذورها أنياب جرافة إسرائيلية تمهيداً لإقامة الجدار، جلس الطالب همام إسماعيل ابن 12 ربيعاً غارقاً في التفكير في كيفية الوصول إلى منزله، شأنه شأن 250 طالباً يدرسون في مدرسة بيت عور الفوقا غربي رام الله، التي أحاط بها الجدار وعزلها عن القرى الأخرى، فالذهاب والعودة من المدرسة رحلة محفوفة بالمخاطر.

يقول الطالب همام إن "معاناتنا كبيرة لكنها تزداد في فصل الشتاء إذ نضطر للسير على الأقدام أكثر من نصف ساعة حتى نصل إلى المدرسة".

وفي ذات المدرسة يتلقى طلاب من بلدة الطيرة القريبة تعليمهم، وهؤلاء ممنوعون من السير على الشارع الالتفافي الذي يحد المدرسة من الجهة المقابلة للجدار، وإن حاول أحدهم ذلك فهو معرض للاعتقال في أحسن الأحوال. وعلى من يريد الوصول إلى المدرسة السير في عبّارة أقامها الجيش لتصريف مياه الشتاء وهذا السبيل أخطر من غيره خاصة في فصل الشتاء.

يقول عيسى علي عيسى سكرتير المدرسة إن "الجدار عزل المدرسة عن القرية، وفُرضت علينا قيود صارمة أثناء تنقلنا من وإلى المدرسة، إذ لا يسمح للطلبة بمغادرة المدرسة إلا بشكل جماعي وبصحبة المدرسين".

ويضيف أن "دوريات الجيش تراقب خروج ودخول الطلبة في المدرسة، وفي حال عدم اصطحابهم من قبل المدرسين يأتون إلى المدرسة ويباشرون في التحقيق معنا، ويجددون تهديداتهم وإنذاراتهم للإدارة".

◄ موقع الحملة الشعبية لمقاومة جدار الفصل العنصري، 2006/11/18، انظر:
http://www.stopthewall.org/arabic/cgi-bin/arabic/publish/printer_175.shtml

موسمين من الإنتاج الزراعي بصورة أساسية؛ التين صيفاً، والزيتون شتاءً. ولكن الجدار دمر هذه الدورة، وهدّد وجود فخري وأهل قريته على أرضهم في الصميم.

يقول فخري: "بدؤوا ببناء الجدار قبل شهر فقط من موسم قطاف الزيتون، كان ذلك في تشرين الأول/أكتوبر 2003. اقتلعوا أشجار الزيتون وعزلوا أراضينا البالغة مساحتها الإجمالية 1,000 دونم".

يمتلك فخري خمسين دونماً من هذه الأراضي، ويوضح أن بعضها تعود ملكيته إلى أبناء عمه، ولكنه هو من كان يشرف عليها. ويضيف: "بدؤوا باقتلاع 120 شجرة زيتون من أشجاري. كانت قطعة الأرض الأكثر خصباً [خصوبة] بين جميع القطع، الآن دمروها".

كان الدخل السنوي لموسم التين في هذه الأرض، المزروعة كذلك باللوز والزيتون، 4,500 دولار، أي أن دخلها الشهري كان يُقدّر بنحو 375 دولاراً شهرياً، وهو يُعد دخلاً مرتفعاً في ظلّ ظروف الاحتلال. ولكن منذ بدء بناء الجدار، رفضت سلطات الاحتلال منح فخري تصريحاً للوصول إلى أرضه. وهو يقول: "حاولت أكثر من مرة، ولكنهم كانوا يقولون في كل مرة أن ليس مسموحاً لنا الحصول على تصريح، ولا حتى الوصول إلى الأرض".

وتضاف هذه الأرض المعزولة إلى جزءٍ آخر من أراضي عائلة قديح، خسرته بسبب الطرق الالتفافية التي تربط الكتل الاستيطانية ببعضها البعض. ويوضح فخري:

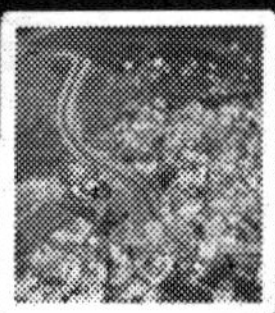

لا يوجد أية مستعمرات على أراضينا، ولكنهم شقّوا ثلاث طرق التفافية على أراضينا لخدمة الكتل الاستيطانية في شمالي الضفة الغربية وجنوبيها. وعليك أن تأخذ بالاعتبار الأراضي الملاصقة لجانبي هذه الطرق. هذه الأراضي مُنعنا من استعمالها للزراعة أو من أي نوع آخر من الاستثمار، ونحن نعتبرها ضاعت هي الأخرى[77].

"معكر المزاج"

كان عبد الرحمن (5 سنوات)، من قرية مسحة القريبة من رام الله، واقفاً بالقرب من واحدة من بوابات الجدار، ينتظر حافلة الروضة لتقله كالعادة لينضم إلى أترابه في "روضة الحياة"، عندما بادره أحد الجنود هناك بصفعة اهتزت لها جوانحه وارتطمت بوجنته الممتلئة المحمرة، ثم أمسك الجندي بتلابيب عبد الرحمن ورفعه عالياً عن الأرض لتترنح رجلاه مدلاة في الهواء، وهو يصيح "ماما، ماما".

كانت تلك المرة الأخيرة التي خرج بها عبد الرحمن من المنزل وحده، دونما الإصرار على رفقة والده، أو أحد إخوانه.

تقول أمه عن سبب فعل الجندي لذلك: "وقف عبد الرحمن عند البوابة، من سوء حظه أن الجندي كان معكر المزاج ذلك الصباح، فنحن نعيش تحت رحمة أمزجتهم، وقام بضربه، ومنذ ذاك الحين يأبى عبد الرحمن الذهاب إلى الروضة، أو الخروج من المنزل بمفرده، وقد أصبح دائم البكاء، وتراوده أحلام وكوابيس مزعجة يومياً، بالإضافة إلى التبول الليلي بعد الحادثة".

➤ هنادي دويكات، "جدار الفصل و قصص من حياة الفلسطينيين"، الجزيرة نت، 2004/10/3، انظر:
http://www.aljazeera.net/NR/exeres/D54E36A4-BF1B-42D7-B34B-A4C74F9C40BC.htm

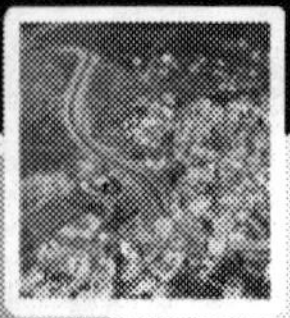

• من بيت لحم:

من أصل 660 كم² هي مساحة محافظة بيت لحم، فإن 13% فقط من هذه المساحة متاح لاستخدام الفلسطينيين؛ وذلك نتيجة لبناء الجدار واستمرار توسع المستوطنات والبؤر الاستيطانية الإسرائيلية، إضافة إلى تخصيص مساحة شاسعة من أراضيها كمناطق عسكرية أو مناطق إطلاق نار ومحميات طبيعية. ومنع الفلسطينيين من الوصول إلى 32 كم من سواحل البحر الميت، والتي تشكّل معظم الجزء الشرقي من المحافظة. وقد فاقم الجدار واقع هذه المحافظة، حيث عزل 64 كم² من أراضيها، تضمّ تسعة تجمعات فلسطينية يسكنها 21 ألف نسمة، وبعض الأراضي الزراعية الأكثر خصوبة، وأغلق طريق 60، الطريق الرئيسي المؤدي إلى الخليل. وعلى سبيل المثال، سيعزل الجدار بلدة الخضر، التي تشتهر بتنوع محاصيل العنب فيها، عن 75% من أراضيها الزراعية، كما سيعزل بيت جالا عن حوالي 3,200 دونم من الأراضي الزراعية المزروعة معظمها بأشجار الزيتون. وفي منطقة قبة راحيل تسبب الجدار بإغلاق معظم المحلات التجارية بعد أن قطع الطريق التاريخية لها نحو القدس، كما يخشى أصحاب 72 مصنعاً مقاماً في بيت فجّار من انهيار الاقتصاد المحلي للقرية في حال قطعهم الجدار عن طريق 60[78].

ومن الأمثلة الأخرى على التجمعات التي تعرضت منازلها للهدم وخسرت مساحات كبيرة من أراضيها، قرية الولجة، والتي تقع على بعد أربعة كيلومترات من مدينة بيت لحم.

تقول شيرين الأعرج عضو مجلس القرية: "هدم المنازل أصبح حدثاً أسبوعياً في الولجة، والناس ليس لديهم مكان ليذهبوا إليه؛ لذلك تجد ثلاث عائلات على الأقل تعيش في كل منزل، وأحياناً أكثر. بعض الأسر اضطرت للعيش في الكهوف". وتضيف: "الأمر أشبه بحكم بالسجن المؤبد على الجميع، حتى على الذين سيولدون هنا".

خسرت الولجة معظم أراضيها نتيجة مصادرات الأراضي لصالح الجدار، ولصالح المستوطنات الثلاثة المحيطة بها (وهي مستوطنات غيلو، وهار غيلو، وغيفعات يائيل)، ليبقى لها 2.2 كم^2 من الأرض، وهي نصف المساحة التي بقيت لها بعد احتلال سنة 1948، و12.5% فقط من مساحتها الأصلية البالغة 18كم^2.

فلسطينيون ينتظرون خلف إحدى بوابات الجدار العازل في بيت لحم، في انتظار العبور إلى القدس لأداء صلاة الجمعة الثانية من شهر رمضان في المسجد الأقصى.

◄ أ.ف.ب، 2005/10/14

66

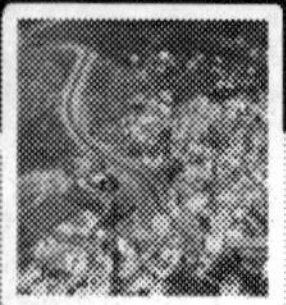

إلى جانب ذلك، فإن الجدار عند اكتماله سيعزل الفلاحين عن أكثر من 90% من أراضيهم الزراعية، وسيحاصرهم بشكل كامل، ليجبرهم على دخول قريتهم والخروج منها عبر بوابة واحدة[79].

وقد أشارت دراسة حالة أعدها معهد الأبحاث التطبيقية في القدس (أريج) إلى أن "إسرائيل" تتلاعب بسكان القرية وتضغط عليهم من خلال قيود البناء الصارمة والجدار الفاصل؛ بهدف دفعهم للرحيل عنها طواعية.

وتعرض الدراسة حالة أحد سكان القرية، منذر حمد، الذي تعرض منزله للهدم مرتين بذريعة "الاحتياجات الأمنية"؛ أولاهما في 2006/1/31 على يد قوات الاحتلال، لصالح بناء الجدار العازل.

يقول منذر أنه دفع نحو خمسين ألف شيكل (12 ألف دولار أمريكي[أ]) لإعادة بناء منزله الذي هدمه الاحتلال.

ولكن بعد أن أعيد بناء المنزل، تلقى صاحبه إخطاراً بأن إعادة البناء تمت دون تصريح من سلطات الاحتلال، وبالتالي فقد أصدر أمر بهدمه من جديد. وفي شهر كانون الأول/ ديسمبر من السنة نفسها، هُدم المنزل مرة أخرى، ليترك منذر مفلساً ومشرداً مع عائلته المكونة من خمسة أفراد[80].

وفي مدينة بيت لحم نفسها جاءت إحدى العبارات التي تصف معاناة سكانها بسبب الجدار ملفتة للانتباه بصورة استثنائية، حين قالت كلير آنستاس: "وجب علينا الحصول على تصريح لنشر الغسيل على سطح منزلنا".

[أ] وفق معدل سعر الصرف من الشيكل إلى الدولار لسنة 2006 (4.46 شيكل للدولار)، انظر:
http://www.bankisrael.gov.il/deptdata/mth/average/averg06e.htm

وعند التساؤل عن السبب، تأتي الإجابة من خلال المشهد التالي: الجدار العازل يطوق البناية التي تقطن فيها كلير مع عائلتها من ثلاث جهات، ولأن سطح البناية المكونة من ثلاثة طوابق أعلى بقليل من حافة الجدار العلوية، قرر جنود الاحتلال تحويل هذا السطح لنقطة مراقبة عسكرية لعدة شهور.

عائلة كلير وشقيقها أصبحتا العائلتين الوحيدتين اللتين تقيمان في هذه البناية، وتوضح قائلة: "لم يعد أحد يسكن في هذه البناية سوانا"، مضيفة أنه "كان هناك غيرنا، ولكنهم رحلوا بسبب المشاكل".

المشاكل التي تتحدث عنها كلير هي التي تسببت بإغلاق مصدر رزق العائلة، فعائلة آنستاس كانت تدير ثلاثة محلات ناجحة لبيع التذكارات في الطابق الأرضي من البناية، ولكن الجدار سدّ الشارع الذي كان في السابق أحد الشوارع المزدهرة في بيت لحم بحسب ما تقول كلير، مما أجبرهم على إغلاق هذه المحلات، فلا أحد يسلك طريقاً ينتهي إلى حائط مسدود.

ومن بين الأضرار التي تحدثت عنها كلير كذلك، ما حدث في أحد فصول الشتاء، عندما ذابت الثلوج المتساقطة آنذاك، وتدفقت إلى داخل المحلات وأغرقتها موقعة فيها أضراراً كبيرة، بعد أن حجز الجدار المياه وحال دون جريانها إلى أسفل التل كما في السابق[81].

قانون الممنوعات

بعد اكتمال الجدار حول قرية النعمان الواقعة شرقي بيت لحم، أقامت فيه سلطات الاحتلال بوابة يسيطر عليها جنود الاحتلال، ويخضعون أهلها لـ"قانون ممنوعات".

يقول جمال درعاوي، أحد سكان القرية، إنه غير مسموح لأي إنسان الدخول سوى سكان القرية، حتى مؤسسات حقوق الإنسان التي حاولت الدخول، وعدد من حملة هويات القدس الذين حاولوا زيارة القرية، منعوا من الدخول عبر البوابة.

وأكثر من ذلك يقول جمال: "من [منذ] شهرين لم يعودوا يسمحوا لسيارة النفايات بدخول القرية، وأصبحت القرية مليئة بالنفايات"، مضيفاً: "حتى جرة الغاز إذا بدنا ندخلها على القرية ندخلها تهريب مرة تزبط معنا [ننجح] ومرة ممكن يرجعوها".

ومن المضحك المبكي كما يقول جمال أن سلطات الاحتلال تمنع الطبيب البيطري من دخول القرية، في حين تسمح للمزارعين بإخراج جميع أغنامهم من القرية لتطعيمها في بيت ساحور. حتى الثلاجة في حال تعطلها يُمنع الفني من دخول القرية لتصليحها فيضطر صاحبها إلى حملها لبيت ساحور لتصليحها.

كما باتت أكياس الطحين محظورة كذلك، فوفقاً لشهادة جمال، منع الاحتلال أحد السكان من إدخال كيس طحين لأولاده، وأصروا على عودته إلى بيت ساحور وتفريغ كيس الطحين في أكياس من النايلون بدعوى الفحص الأمني.

وفي إحدى المرات شب حريق في أشجار القرية، يقول جمال إن جنود الاحتلال "لم يسمحوا للدفاع المدني بإدخال الإطفائية لإطفاء الحريق، وبقي حتى أتى على الأشجار كلها".

➤ مركز العمل التنموي–معاً، والحملةالشعبية لمقاومة جدار الفصل العنصري، المدن والقرى الفلسطينية بين العزل والتهجير، أيار/ مايو 2007، رام الله، فلسطين، ص 26-28، انظر:
http://www.stopthewall.org/arabic/cgi-bin/arabic/uploads/book_001.pdf

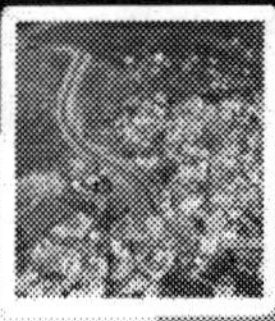

● من الخليل:

يعزل مسار الجدار في محافظة الخليل نحو خمسين تجمعاً فلسطينياً عن جزء من أراضيها، مُفقداً عدداً كبيراً من الرعاة من الوصول إلى مراعيهم التي اعتادوا عليها، من بينها أربعة آلاف دونم تقع بالقرب من مستوطنة أشكلوت التي ضمها الجدار. وفي بيت يتير الواقعة جنوب الخليل، تعيش عائلة مكونة من خمسين شخصاً بين الجدار والخط الأخضر، في منطقة أعلنها الاحتلال في كانون الثاني/ يناير 2009 منطقة عسكرية مغلقة، مُجبراً أفراد العائلة على الحصول على تصاريح إقامة للعيش في بيوتهم، لم يمنحها لـ 35 منهم. وتفتقر المنطقة إلى محلات تجارية ومدارس وخدمات طبية، مما يضطر سكانها للذهاب إلى بلدة منيزل التي تُعدّ أقرب مركز للخدمات، من خلال معبر بيت يتير الذي تديره شركة إسرائيلية خاصة، تُخضع أطفال البلدة لتفتيش كل صباح ومساء عند ذهابهم إلى مدارسهم وعودتهم منها[82].

أما خربة قصة، الواقعة قرب بلدة إذنا غرب الخليل، فقد كانت شاهدة على هدم منازل أكثر من 200 فلسطيني وطردهم منها في 2007/10/29؛ بسبب الجدار الذي يعزل الخربة عن باقي مناطق الضفة الغربية.

كان سكان الخربة، التي أقيمت في الخمسينيات، ومعظمهم من اللاجئين من بيت جبرين الواقعة في الأراضي المحتلة سنة 1948، يعيشون في الخيام والكهوف ويعتاشون من تربية الماشية. ولكن منذ البدء ببناء الجدار العازل، بدأ جيش الاحتلال يُنكّل بسكان القرية ويمنعهم من الوصول إلى باقي مناطق الضفة.

70

وقبل موعد الهدم بأربعة أيام، وضع جيش الاحتلال أوامر الهدم بحجة البناء بدون ترخيص تحت الحجارة في مدخل القرية. وفي التاريخ المذكور، وصلت إلى القرية جيبات عسكرية مصحوبة بجرافات، وبدأت فوراً بهدم الخيام والكهوف دون تمكين السكان من إخراج أغراضهم وممتلكاتهم، مما أدى إلى دفن الكثير منها تحت الأنقاض.

ثم حمّل جنود الاحتلال معدات السقاية والعلف الخاصة بالماشية في شاحنة، وألقوا بها إلى الجهة الشرقية من الجدار، وأجبروا السكان على مغادرة المكان مع حلول ظهيرة اليوم التالي. وبقي معظم سكان القرية بلا مأوى واضطروا إلى استئجار مساكن مؤقتة في بلدة إذنا[83].

ويقول محمد طلب ومحمد نطاح، اللذين كانا من سكان الخربة، أنهما باتا مجبرين على بيع ما تبقى لهم من مواشيهم ليتمكنوا من تأمين معيشتهم، موضحين أنه لم يعد باستطاعتهما تربية المواشي لأنهما لم يعودا يملكان أي أرض للرعي[84].

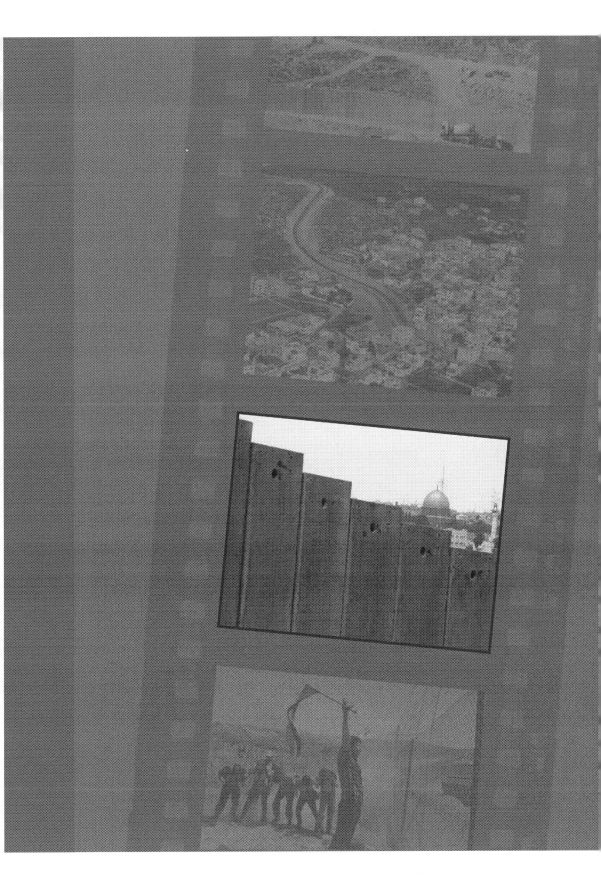

خامساً: الجدار في القدس (غلاف القدس)

يعبّر بناء الجدار حول القدس، أو "غلاف القدس" كما تسميه سلطات الاحتلال الإسرائيلي، عن أهم أهداف الاحتلال من الجدار العازل، وهو المضي قدماً في برنامج تهويد القدس، ومصادرة أراضيها، وإحاطتها بالمستوطنات والجدران، لعزلها عن محيطها العربي والإسلامي، إلى جانب التضييق على أصحاب المدينة الأصليين من الفلسطينيين ودفعهم إلى تركها.

وقد أوضح المكتب الوطني للدفاع عن الأراضي في فلسطين، أن استكمال بناء الجدار في القدس سيترتب عليه آثار خطيرة، لأن الهدف الواضح من بناء الجدار في حدود ما يسمى القدس الكبرى، هو خفض نسبة السكان الفلسطينيين من 35%

كما هو الحال في القدس الموسعة إلى 22%، الأمر الذي يكشف بوضوح مشروع تهويد المدينة المقدسة، وسيترتب على ذلك آثار سياسية واقتصادية واجتماعية خطيرة على الفلسطينيين[85].

ويستعرض هذا الفصل تأثيرات الجدار العازل على مدينة القدس، وجوانب من معاناة سكانها الناجمة عنه.

طفلة فلسطينية تحمل صورة زميلتها عبير عرامين التي استشهدت متأثرة بإصابة تعرضت لها خلال مظاهرة ضد الجدار في عناتا.

◄ رويترز، 2007/1/21.

كشفت صحيفة معاريف في 2008/3/19، عن أن النيابة العامة الإسرائيلية صادقت لقوات حرس الحدود بإطلاق النيران الحية على المتظاهرين الفلسطينيين ضد الجدار العازل المحيط بشرق القدس، والمسمى بـ"غلاف القدس".

وبحسب تلك التعليمات، فإنه مسموح للقوات الإسرائيلية إطلاق نيران قناصة باتجاه متظاهرين فلسطينيين ضد الجدار "بصورة مشابهة لتعليمات إطلاق النار المتبعة في مناطق الضفة الغربية"، ولكن يحظر إطلاق النيران الحية باتجاه متظاهرين في وقت يتواجد بينهم نشطاء سلام إسرائيليون وأجانب.

◄ المشهد الإسرائيلي، 2008/3/20.

1. عزل القدس عن بقية أجزاء الضفة الغربية:

يمتد مسار الجدار في القدس نحو 167 كم[86]، وهو يعمل على عزلها عن بقية أجزاء الضفة الغربية. كما أنه يتلوى بما يضمن تحقيق الأغلبية اليهودية في المدينة، من خلال عزله الأحياء والقرى العربية التابعة لمحافظة القدس عن المدينة نفسها؛ كالعيزرية وأبو ديس والسواحرة الشرقية والشيخ سعد في الشرق، وقرى بيت سوريك وبدّو وقطنة والقبيبة وبيت إجزا وبيت اكسا وبيت دقو وبيت عنان والطيرة في الشمال الغربي، والرام وضاحية البريد وعناتا وحزما في الشمال.

وفي الشمال أيضاً، يعزل الجدار أربع قرى يسكنها أكثر من 15 ألف فلسطيني في جيب مغلق يعرف بجيب بيرنبالا، وهو يضم قرى بير نبالا والجيب والجديرة وبيت حنينا البلد؛ حيث يحيط بها الجدار من ثلاث جهات، وفي الجهة الرابعة يوجد طريق أمني إسرائيلي مغلق أمام الفلسطينيين. والطريق الوحيد من الجيب وإليه يمر تحت الطريق الأمني ويوصل إلى رام الله[87].

وفي المقابل، يعمل الجدار على وصل القدس بالمستوطنات الإسرائيلية الموجودة فيها وحولها في كتلة واحدة؛ مثل كتلة عتصيون في الجنوب الغربي، وكتلة أدوميم في الشرق، وكتلة غيفعون في الشمال الغربي، ومستوطنات بيسغات زئيف ونيفيه يعقوب وعطاروت في الشمال (انظر خريطة 4).

وتجدر الإشارة إلى أن ذلك يأتي على الرغم من وقوع عدد من تلك المستوطنات خارج حدود البلدية التي رسمها الاحتلال؛ كمستوطنتي معاليه

أدوميم وجيفعات زئيف البالغ مجموع سكانهما 39 ألف نسمة. في حين أن مناطق كمخيم شعفاط وكفر عقب وسميراميس، الواقعة داخل حدود البلدية، أبقيت خارج الجدار، لكونها ذات كثافة سكانية فلسطينية، حيث يزيد تعداد سكانها عن 30 ألف نسمة[88].

بتاريخ 2009/2/16، استكملت سلطات الاحتلال عزل مدينة القدس من جهة الشمال، بإغلاق بوابة ضاحية البريد في الجدار العازل، والتي كانت تشكّل المدخل الوحيد المُتبقي لسكان الضاحية وبلدة الرام من وإلى القدس، مجبرة السكان على الدخول والخروج عبر معبر قلنديا. وبذلك أُغلقت جميع البوابات حول مدينة القدس، وأصبح الدخول والخروج يتم من خلال بوابات يسيطر عليها الاحتلال.

وأوضح سرحان السلايمة، رئيس مجلس الرام المحلي، أن هذا الإجراء يهدف إلى عزل السكان عن مدينة القدس من ناحية ديموغرافية، مشيراً إلى وجود نحو 60 ألف مواطن مقدسي يعيشون في بلدة الرام والضاحية شمال المدينة باتوا مهددين بسحب هوياتهم الزرقاء، مما يؤدي إلى تفريغ غلاف القدس من سكانها المقدسيين.

◄ موقع مدينة القدس، 2009/2/17، انظر:

http://www.alquds-online.org/index.php?s=news&id=1676

وفي المجموع، ستبلغ مساحة الأراضي المعزولة غرب الجدار عند الانتهاء من بنائه 151,974 دونماً، أي نحو 43% من محافظة القدس، ويقدّر عدد الفلسطينيين الذين سيعزلهم الجدار في مدينة القدس بحوالي 230 ألف فلسطيني، يشكّلون نحو 56% من سكانها[89].

جدول (4): تطوّر وتقدّم عملية إنشاء الجدار في القدس[90]

	الطول بالكيلومتر	النسبة من طول المسار
أكملت إقامته	78.5	%47
تحت البناء	30.6	%18.3
لم تتم إقامته بعد	58.2	%34.7
المجموع	167.3	%100

وإلى جانب الفصل الجغرافي، يؤدي الجدار العازل إلى تعزيز الأدوات التي تمتلكها سلطات الاحتلال لتقييد حركة الفلسطينيين بين القدس وبقية أجزاء الضفة الغربية، بما يعزز عزلة المدينة وسكانها، وذلك من خلال بطاقات الهوية الشخصية، والتصاريح والحواجز العسكرية؛ حيث يعتمد تنقل الفلسطيني من القدس وإليها

خريطة (4) الجدار و المستوطنات الاسرائيلية المحيطة بالقدس المحتلة
آذار / مارس 2007

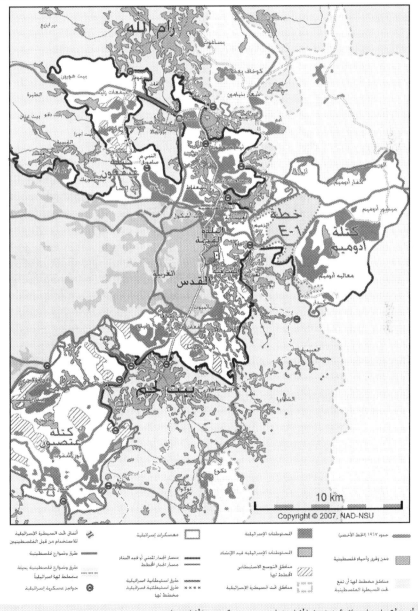

الخريطة: إعداد دائرة شؤون المفاوضات — وحدة دعم المفاوضات.

على نوع بطاقة الهوية الشخصية التي يحملها، ويمنع أبناء الضفة الغربية الذين يحملون الهوية الفلسطينية من دخول شرقي القدس، إلا بتصريح خاص يحصلون عليه بعد الخضوع لتدقيق أمني إسرائيلي، يحدد عادة الحاجز الذي يتوجب على حامل التصريح المرور عبره، ويمكن لسلطات الاحتلال إلغاؤه دون سابق إنذار[91].

2. معاناة سكان القدس بسبب الجدار:

أ. تهجير السكان:

أدى بناء الجدار في القدس إلى إثقال كاهل المقدسيين بالإجراءات الإسرائيلية، واضطر عدد كبير منهم للانتقال وتغيير أماكن سكنهم لأسباب مختلفة، من أبرزها السعي للمحافظة على الهويات المقدسية. فوفقاً للقانون الإسرائيلي، فإن حملة هذه الهويات مهددون بفقدانها في حال أقاموا لسبع سنوات أو أكثر خارج حدود البلدية. وتقع مسؤولية إثبات الإقامة على المقدسيين أنفسهم، من خلال تقديم إثبات دفع ضريبة الملكية، وإثبات بمكان العمل أو الدراسة، إضافة إلى فواتير المرافق العامة.

وقد أدت هذه السياسة الإسرائيلية إلى سحب هويات 1,363 فلسطيني مقدسي في سنة 2006، وهو أعلى معدل لسحب الهويات منذ اكتمال احتلال القدس سنة 1967، ليبلغ بذلك مجموع الإقامات المسحوبة منذ ذلك العام وحتى نهاية سنة 2006 نحو 8,269[92].

ولكن تمسك المقدسيين بمدينتهم دفعهم للانتقال من أماكن سكناهم خارج حدود البلدية إلى داخلها، حيث بلغ مجموع المنتقلين حتى نهاية سنة 2007 حوالي 40 ألف فلسطيني[93]. وذلك على الرغم من صعوبة الظروف التي سيواجهونها عند

عودتهم بسبب سياسات الاحتلال، سواء من ناحية الاكتظاظ السكاني والتعليمي في الوحدات السكنية والصفوف التعليمية، أو التنازلات الاجتماعية والاقتصادية الصعبة التي يوجدها الانتقال؛ فالتكاليف الباهظة التي يدفعها المواطن المقدسي، من ضرائب المسقفات وضرائب أخرى، كفيلة بوضع الأسر تحت ضغط مادي جسيم، يجعل أفرادها يعيشون يومهم دون تخطيط للمستقبل.

وعن أثر الجدار على النزوح القسري للفلسطينيين في القدس، أشارت دراسة ميدانية أجراها الجهاز المركزي للإحصاء الفلسطيني بالتعاون مع مركز بديل للمواطنة وحقوق اللاجئين في الفترة ما بين 5/15-2006/6/10، إلى أن 32.9% من المقدسيين الفلسطينيين غيروا أماكن إقامتهم السابقة، منهم 53.9% غيروا مكان إقامتهم لأول مرة بسبب بناء الجدار منذ سنة 2002، وأن 63.8% من الأفراد الذين يبلغون 16 سنة فأكثر يفكرون في الانتقال بسبب الجدار والإجراءات الإسرائيلية الأخرى، فيما يحتاج 86.7% منهم إلى توفير الخدمات المناسبة لتحفيزهم على البقاء في أماكن سكناهم، وخاصة العمل والضمان الاجتماعي[94].

وتشكّل أسرة سلمى أحد الأمثلة على هذه الحالة؛ حيث كانت هذه الأسرة المقدسية المكونة من عشرة أفراد قد اختارت في الثمانينيات بناء منزل كبير في العيزرية يتسع لها جميعاً، واحتفظت بمنزلها في القدس، ودفعت ضريبة الملكية، واحتفظت بوضعية إقامتها.

ولكن الصعوبات التي سببها الجدار غيرّت ذلك كلّه، ودفعت الأسرة للعودة إلى داخل القدس. فرحلة العمل التي كانت تكلف سلمى 2.5 شيكل (نحو نصف

دولار) وتستغرق 15 دقيقة، على سبيل المثال، أصبحت تكلف 50 شيكل (أكثر من 10 دولارات) بعد بناء الجدار[ii]، وتستغرق أكثر من ساعة بالتاكسي عبر مستوطنة معاليه أدوميم. وكانت سلمى تتحدى الجدار أحياناً، فتتسلق وتتنقل عبر أسطح المباني لتتجاوزه، وتتذكر قائلة: "عندما أمسك بي الجنود الإسرائيليون ودفعوني بخشونة إلى الأرض، تأذى ظهري واضطررت إلى التوقف عن العمل عدة أيام. ومن حسن حظي أنهم لم يقبضوا علي".

ولم تنتهِ مشكلة هذه الأسرة بالعودة إلى القدس، حيث رفعت بلدية الاحتلال دعوى ضدها لمصادرة هويات أفرادها المقدسية، بحجة أنها لا تتخذ من القدس "مقراً للعيش"، نظراً لإقامتهم لبعض الوقت في الضفة الغربية. وفي حال تمكنت سلطات الاحتلال من إثبات هذه الحجة، تفقد الأسرة وضعية الإقامة في القدس، على الرغم من أنها من الأسر المقدسية المعروفة، وتصبح مهددة بخسارة منزلها وفقاً لقانون أملاك الغائبين الإسرائيلي لسنة 1950[95].

ويشكّل البدو الذين طردهم جدار معاليه أدوميم مثالاً آخر على الآثار المشتركة للجدار والاستيطان على حياة الفلسطينيين. ففي سنة 1999، بدأ إخلاء قبيلة الجهالين من مضاربهم وأراضيهم المجاورة لمستعمرة معاليه أدوميم، إلى الشرق من القدس، تمهيداً لتوسيع المستعمرة الكبرى في الضفة الغربية باتجاه القدس. وقد انتقلت القبيلة فعلاً من مواقعها التي عاشت فيها عقوداً طويلة إلى موقع جديد، يقع

[ii] وفق معدل سعر الصرف من الشيكل إلى الدولار لسنة 2005 (4.49 شيكل للدولار)، انظر:
http://www.bankisrael.gov.il/deptdata/mth/average/averg05e.htm

بين المستعمرة من جهة وبلدتي العيزرية وأبو ديس الفلسطينيتين من جهة أخرى، ويقوم فوق أراضٍ تعتبرها سلطات الاحتلال الإسرائيلي أراضي دولة، فيما يعدّها أهالي أبو ديس أراضيهم التي صادرتها تلك السلطات بالقوة.

ولكن "القرية النموذجية" لقبيلة الجهالين تقع خارج نطاق المسار المخطّط لجدار الفصل، وسيتم ضمها إلى أبو ديس. يقول محمد خليل، أحد مخاتير القبيلة:

في البداية، أُجبرنا على التخلي عن طريقة حياتنا القديمة، والعيش في قطعة أرض مساحتها نصف كيلومتر مربع. والآن يريدون أن يبنوا جداراً سيفصلنا عن الصحراء وعن أماكن العمل في معاليه أدوميم، وأن يلحقونا بأبو ديس، التي لا صلة منتظمة لنا معها ولا نذهب إليها.

في صيف 2004، بدأت سلطات الاحتلال بإرسال أوامر إخلاء وهدم إلى القبيلة. ووفقاً لتحقيق قامت به هآرتس، فإن ما لا يقل عن 66 أمراً من هذا النوع صدر لعشيرتي السلامات والحمادين اللتين تسكنان في المنطقة الواقعة بين المستعمرة والقرية الجديدة.

بيت محمد الحمادين، 34 عاماً، وأب لستة أطفال، يتكون من عدد من الأكواخ. وهو يقع في منتصف المسافة بين معاليه أدوميم وقرية الجهالين. ويقول محمد على سبيل الطرفة إن ديوانه هو من مستوى خمس نجوم.بمقياس البدو: قطع سجاد مرتبة بعناية ونظيفة، طاولة للتلفزيون والستيريو. ويضيف: "لا أريد منازل أو نقوداً"، في إشارة إلى قومه الجهالين في القرية.

أليس حراماً هدم بيت مثل هذا؟ في البداية جاءوا وبدأوا يصورون الأكواخ وكل شيء. والآن أصدروا 12 أمراً لجميع الأكواخ. وفيما بعد، بدأوا يضعون

حواجز تفتيش عشوائية على طريق الوصول. فجأة أصبحنا عصبيين. أين سنروح [سنذهب]؟ قطعان المواشي تذهب شرقاً إلى الصحراء، وعندما يُبنى الجدار، لن يكون لها مكان تذهب إليه، ولا نحن. كنّا هنا قبل مستوطني كيدار وحتى قبل مستوطني معاليه أدوميم. إذن، انقلوهم إلى مكان آخر".

أبو يوسف سرايا، مختار سكان وادي الهندي -الواقع في الصحراء، على مسافة مئات أمتار قليلة من كيدار- نجح في تفادي أعمال هدم ومحاولات هدم سنة 1997، واستطاع بناء مدرسة ابتدائية والحفاظ على عائلته الممتدة مجتمعة. يقول أبو يوسف: "لم نطلب مغادرة سكان كيدار أو معاليه أدوميم. فلماذا يُطلب منا أن نذهب من هنا؟ إذا أُجبرنا على الانتقال غرباً، لن يسمح لنا أحد بذلك. وإلى الشرق، هناك منطقة تدريب عسكرية، ولا أحد يستطيع دخولها"[96].

ب. اقتصادياً:

تسبب الجدار العازل بمنع وصول التجار والمستهلكين الفلسطينيين من الضفة الغربية إلى شرق القدس، التي كانت تمثل محوراً اقتصادياً مهماً للضفة قبل بناء الجدار وفرض القيود الأخرى على حرية الحركة، كما منع وصول التجار والمستهلكين من ضواحي القدس، التي كانت تعتمد تقليدياً على أسواق المدينة لتأمين احتياجات سكانها، الأمر الذي ترك آثاراً سلبية على الحركة التجارية في المدينة، إلى جانب تأثرها بتناقص أعداد القادمين إلى المدينة يوم الجمعة للصلاة بشكل كبير بسبب القيود التي يفرضها الاحتلال، حيث تعتمد الحركة التجارية عليهم كذلك بصورة كبيرة. وقد أثر تراجع الحركة التجارية على الوضع الاقتصادي للمدينة ككل،

حيث أفاد تقرير صادر عن مكتب تنسيق الشؤون الإنسانية التابع للأمم المتحدة أن هذا الجدار أسهم جزئياً في زيادة نسبة البطالة في المدينة، ليبلغ حوالي 19.3% في الربع الثالث من سنة 2006، مقارنة مع نسبة 8.3% في "إسرائيل"[97].

وتعدّ الرام من النماذج على التدهور الاقتصادي الذي أوجده الجدار، فقد كانت هذه البلدة مركزاً تجارياً مزدهراً بسبب موقعها بين القدس ورام الله، ولكن بعد بناء الجدار في منتصف الشارع الرئيسي الواصل بين المدينتين عُزلت المشاريع التجارية في الرام عن قاعدة الزبائن والمشترين، فمن أصل 1,650 منشأة تجارية مسجلة في الرام سنة 2006، أغلقت 730 منشأة أبوابها، وانخفض إيجار الشقة البالغة مساحتها ما بين 90-120 م² من 1,500 شيكل (حوالي 336 دولاراً) إلى 700 شيكل (حوالي 157 دولاراً)، وأصبح سعر مثل هذه الشقة يتراوح ما بين 120 ألفاً (حوالي 27,900 دولار) و150 ألف شيكل (حوالي 33,600 دولار)، بعد أن كان يبلغ في السابق نحو 250 ألف شيكل (حوالي 56 ألف دولار)[iii]. كما أن عدداً من المؤسسات الدولية ومؤسسات المجتمع المدني تركت الرام بعد إكمال بناء الجدار فيها[98].

زهرة الخالدي كانت من سكان الرام المتضررين من بناء الجدار، حيث انتقلت إليها في سنة 1999، ودفعت 60 ألف دولار ثمناً لشقة فيها، ولكن مع زحف الجدار إلى الشارع الذي تسكن فيه، انخفضت قيمة تلك الشقة إلى 35 ألف

[iii] وفق معدل سعر الصرف من الشيكل إلى الدولار لسنة 2006 (4.46 شيكل للدولار)، انظر:
http://www.bankisrael.gov.il/deptdata/mth/average/averg05e.htm

دولار. وخشية نفيها خارج مدينتها القدس، اضطرت زهرة للانتقال مجدداً إلى داخل مدينة القدس، واستأجرت شقة صغيرة في البلدة القديمة، لعدم قدرتها على شراء منزل.

ومع تدفق عشرات آلاف الفلسطينيين مجدداً إلى داخل المدينة، تفاقمت أزمة نقص المساكن فيها، وارتفعت قيمة الإيجارات بشكل كبير، هذا إضافة إلى أن الضرائب والأسعار في داخل حدود البلدية أعلى من خارجها؛ مما يترك زهرة، التي أصبحت عاطلة عن العمل منذ سبعة شهور، تكافح سعياً للوفاء بالتزاماتها المالية[99].

أما بيت سوريك، القرية الواقعة إلى الشمال الغربي من القدس، فقد خسرت مساحة كبيرة من أراضيها من أجل إقامة الجدار العازل، إضافة إلى ما خسرته نتيجة احتلال 1948، ونتيجة الاستيطان.

فهذه القرية البالغة مساحتها الأصلية 13 ألف دونم، شأنها شأن العديد من القرى الفلسطينية الأخرى، أخذت تفقد أراضيها بسبب الاحتلال الإسرائيلي المتواصل التوسع؛ حيث خسرت أربعة آلاف دونم سنة 1948، وصودر المزيد من أراضيها من أجل مستوطنتي مفسيرت تسيون وهارآدار بعد سنة 1967. ومنذ ذلك الحين، استولت حكومة الاحتلال على أراضٍ إضافية لتوسيع المستوطنات وإقامة نظام تصريف صحي إسرائيلي على 750 دونماً من أراضي القرية.

وعندما يكتمل بناء الجدار، سيكون 5,500 دونم آخر قد سُرق، وستتقلص مساحة بيت سوريك إلى المنطقة المبنية فقط، أي إلى 1,300 دونم، من دون أية أرض مفتوحة أو مفلوحة.

ويعلّق أحد أهالي القرية على خسارتها لأراضيها بالقول: "الجدار طريقة بطيئة لإجبارنا على الهجرة. مع تناقص الأرض أكثر فأكثر، بدأ الناس يسألون أنفسهم أين سيعيش أطفالهم، وكيف سيطعمون عائلاتهم إذا سرقت الدولة الإسرائيلية كل هذه الأراضي، وأين سيدفنون موتاهم؟"[100].

ج. اجتماعياً:

يعمل الجدار على تشتيت شمل الأسر المقدسية وتفريقها عن بعضها، كما يعيق التواصل بين الأقارب، وحتى الزواج بين الأفراد المقيمين على جانبيه، ليشكّل بذلك حاجزاً مدمراً للحياة الاجتماعية للمقدسيين.

ويشير المسح الذي أجراه الجهاز المركزي للإحصاء ومركز بديل إلى أن 21.4% من الأسر الفلسطينية أو أحد أفرادها في محافظة القدس انفصلت عن الأقارب، وأن 18% من الأسر انفصل عنها الأب، و12.7% انفصلت عنها الأم. كما أظهر المسح أن نسبة الأسر التي أصبح لديها مانع من زواج أحد أفرادها من شريك مقيم في الجهة الأخرى من الجدار بلغت 69.4%، وأشار إلى تأثر قدرة 84.6% من الأسر على زيارة الأهل والأقارب، وقدرة 56.3% على ممارسة الأنشطة الثقافية والاجتماعية والترفيهية[101].

د. صحياً:

يتسبب بناء الجدار في القدس بفصل سكان قرى وضواحي القدس الواقعة خارج الجدار عن المستشفيات الرئيسية التي يعتمدون عليها للحصول على الرعاية

الطبية المتخصصة، والتي يبلغ عددها ستة مستشفيات تخصصية تقع جميعها داخل المدينة، هي مستشفيات المطّلع، والمقاصد، والعيون، ومار يوسف، والهلال الأحمر، والأميرة بسمة.

كما يحرم المرضى الفلسطينيين في الضفة الغربية وقطاع غزة من الوصول إلى مستشفيات شرق القدس بشكل عام، والتي كانوا يقصدونها للعلاج بسبب مستوى الرعاية الصحية التي تقدمها، حيث يوفّر مستشفى المطّلع على سبيل المثال الرعاية الوحيدة في الضفة والقطاع، في مجال العلاج بالأشعة للأطفال المصابين بالسرطان، وغسل الكلى للأطفال. وقد كانت هذه المستشفيات تتلقى نحو ثلاثة آلاف مريض في المعدل، تحولهم إليها وزارة الصحة الفلسطينية من كافة المناطق الفلسطينية.

ومع بناء الجدار، بات المرضى والطواقم الطبية في الضفة الغربية والمناطق المعزولة من القدس يعانون من مصاعب متزايدة للوصول إلى الخدمات الطبية التي توفرها هذه المستشفيات، بسبب الوقت والإجراءات التي يتطلبها الحصول على تصاريح المرور من البوابات والحواجز المقامة على الجدار، والتي يرفض الاحتلال منحها في كثير من الأحيان للمرضى أو أقاربهم الذين يرافقونهم، وهو ما دفع عدداً كبيراً منهم إلى التوجه إلى مستشفيات أصغر وأقل تجهيزاً بحثاً عن الرعاية الصحية.

وقد أدى ذلك إلى انخفاض أعداد المرضى في مستشفيات شرق القدس، حيث تناقص عدد الحالات المرضية في مستشفى المطّلع على سبيل المثال بنسبة زادت عن 30% لمجمل خدماتها الطبية، وفي الفترة 2002-2005 هبط عدد مرضى غرفة

الطوارئ في مستشفى المقاصد بنسبة 50%، وهذا مؤشر على حجم المصاعب التي تعيق وصول المرضى إلى المستشفى. كما سجلت الأونروا هبوطاً كبيراً في عدد المرضى المسجلين للعناية السريرية في المستشفيات الثلاثة الرئيسية التي تستقبل اللاجئين بتغطية من الوكالة، ففي حين قارب عدد مرضى الرعاية السريرية الذين استقبلتهم مستشفيات المقاصد والمطّلع والعيون 11 ألف مريض سنة 2003، انخفض هذا العدد إلى حوالي أربعة آلاف مريض بحلول منتصف سنة 2006[102].

كما أدت إعاقة حركة الطواقم الطبية إلى تناقص نسبة موظفي الضفة الغربية في مستشفيات القدس من حوالي 70% سنة 2007 (1,168 موظفاً من أصل 1,670)، إلى حوالي 62.5% سنة 2009 (915 موظفاً من أصل 1,470)، ويؤدي نقص الطواقم الطبية من الضفة الغربية إلى زيادة صعوبة إدارة الاستشارات الطبية والعمليات الجراحية بالنسبة للمستشفيات[103].

وفي إطار الآثار المدمرة للجدار على الأوضاع الصحية للمقدسيين، أشارت نتائج الدراسة الميدانية التي أجراها الجهاز المركزي للإحصاء بالتعاون مع مركز بديل إلى أن 34.5% من الأسر الفلسطينية في محافظة القدس أعيقت عن الحصول على الخدمات الصحية (5.8% داخل الجدار و88.3% خارج الجدار). كما شكل عدم قدرة الكادر الطبي عن الوصول إلى التجمعات الفلسطينية عائقاً لـ 31.3% من الأسر (4.4% داخل الجدار و81.8% خارج الجدار)[104].

هـ. تعليمياً:

في سياق الآثار السلبية للجدار على التعليم في القدس، أظهرت دراسة الجهاز المركزي للإحصاء ومركز بديل أن 72.1% من الأسر التي لديها أفراد ملتحقون بالتعليم العالي اضطر أفرادها للتعطيل لعدة أيام عن الجامعة أو الكلية بسبب إغلاق المنطقة، وأن 80% من تلك الأسر اضطر أفرادها لإيجاد طرق بديلة للوصول إلى جامعاتهم أو كلياتهم للتأقلم مع الصعوبات التي فرضها الجدار. في حين أن 69.4% من الأسر التي لديها أفراد ملتحقون بالتعليم الأساسي أو الثانوي اضطر أفرادها للتعطيل عن المدرسة، وأن 75.2% من تلك الأسر اضطر أفرادها لإيجاد طرق بديلة للوصول إلى مدارسهم[105].

وتشير المعطيات المتوفرة حول إعاقة الجدار وصول الطلاب والمعلمين إلى مدارسهم، إلى أنه من أصل 33 ألف طالب وألفي معلم في مدارس شرق القدس، يواجه ستة آلاف طالب وأكثر من 650 معلم صعوبات للوصول إلى مدارسهم. وبالنسبة لسكان مناطق مثل أبو ديس والعيزرية وبيرنبالا وكفر عقب، فإن الرحلة اليومية التي كانت تستغرق دقائق معدودة من المنزل إلى المدرسة، باتت تستغرق ساعتين ذهاباً ومثلها إياباً، نتيجة المسارات الملتوية والحواجز العسكرية والمعابر على الجدار العازل.

ونتيجة لتلك الصعوبات فقد انخفض عدد الطلبة في العديد من المدارس، التي باتت تعاني أيضاً من صعوبة وصول طواقمها ومعلميها إليها، واضطرت للسعي لإيجاد طواقم ومعلمين مؤهلين محليين. وفي المقابل، فإن المدارس التي تعد أقل تأثراً

بالجدار الفاصل أصبحت تعاني من اكتظاظ الصفوف، نتيجة انتقال أعداد كبيرة من الطلبة إليها لتجنب الصعوبات اليومية لعبور الجدار، وعدم قدرة الأهل على المحافظة على التواصل مع مدارس أبنائهم[106].

وعلى سبيل المثال، يعاني أطفال منطقة بيت حنينا معاناة شديدة بسبب الجدار؛ فقد حرموا من الالتحاق بالمدارس في القدس، لأن الجدار عزل بيوتهم عن مدارسهم، مما أفقدهم فرصتهم في التعليم الذي هو حق مجاني وإلزامي على المجتمع والسلطة، ويجب أن يكون متاحاً لكل طفل في سن التعليم. وهذا ما نصّت عليه اتفاقية حقوق الطفل في المادة 20، وفي الشرعية الدولية لحقوق الإنسان.

كما تشكل مدرسة عناتا الثانوية للذكور نموذجاً بارزاً على التأثيرات السلبية لجدار العزل على الواقع التعليمي للطلاب في القدس، حيث يمر الجدار وسط هذه المدرسة، عازلاً ملعبيها ومبقياً مساحة ضيقة من الساحات لا تتسع لطلابها البالغ عددهم 800 طالب.

ووفقاً لشهادة يوسف عليان، مدير المدرسة، فإن الاحتلال عزل "حوالي ثلاثة دونمات من ساحات المدرسة وخصوصاً الملاعب".

وتعكس شهادات الطلاب مدى تأثرهم ببناء الجدار في وسط مدرستهم، فيقول الطالب هشام محمود (15 عاماً) بغضب: "نشعر أننا الآن في سجن صغير أينما نذهب لا نستطيع الضحك أو الكلام".

في حين يقول الطالب سليمان محمد كرشان (15 عاماً): "لم يعد لدينا مساحة نقف أو نلعب فيها، ومن ناحية أخرى نشعر بالضغط النفسي وينتابنا شعور بالخوف

من الجيش الذي يقف لنا بالمرصاد يومياً على باب المدرسة ومتأهباً للانقضاض علينا".

أُصيب طلاب مدرسة عناتا الثانوية بصدمة عندما عادوا من عطلتهم الأسبوعية صباح السبت 2005/10/1، ورأوا جداراً إسمنتياً رمادي اللون بعلو ثمانية أمتار أقامه الاحتلال وسط مدرستهم كجزء من الجدار العازل في الضفة الغربية.

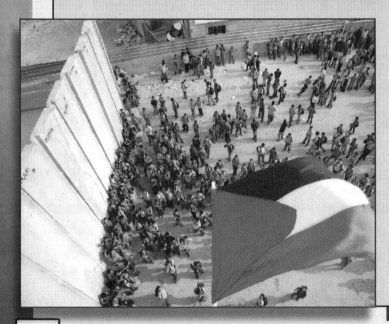

ويضيف الطالب ياسر سلامة (11 عاماً) أن المدرسة لم تعد كما كانت، "كنا نتأخر بعد الدراسة للعب كرة القدم والكرة الطائرة وبتنا الآن نتجنب مخاطر الجنود ونذهب إلى بيوتنا مباشرة"[107].

وقد أثر الجدار كذلك على أوضاع الجامعات. وتعد جامعة القدس، والتي تمتلك ثلاثة فروع: في أبو ديس والبلدة القديمة وبيت حنينا، مثالاً بارزاً على ذلك. فقد انخفض عدد الطلبة في الحرم الجامعي في بيت حنينا بنسبة 70% بسبب مصاعب الوصول إليه، وبات كافة الطلبة الذين يتابعون دراستهم فيه من حملة الهوية المقدسية حصراً، مما دفع الجامعة إلى نقل معظم الحصص إلى الحرم الجامعي في أبو ديس، حيث يعاني الطلبة من صعوبات كبيرة كذلك. فقرابة نصف الطلبة هناك (3,941 من أصل 8,921) ينتقلون يومياً إلى البلدة القديمة لحضور حصص مواد التخصص، ومنذ بناء الجدار زاد طول الرحلة بحيث يتطلب التنقل استخدام أكثر من مركبة أو حافلة، كما أن الحواجز العسكرية للاحتلال على مداخل أبو ديس تتسبب بتأخير وصول الطلبة والمحاضرين، وأحياناً بغياب الطلبة عن الامتحانات. وفي سنة 2005 على سبيل المثال تأخر ما بين 350 إلى 400 طالب عن امتحانات نهاية العام.

إضافة إلى ذلك، فإن نحو ثلث الأراضي التي تملكها الجامعة في أبو ديس يقع غربي الجدار وبات من الصعب الوصول إليها[108].

صورة جيب عسكري إسرائيلي
يمر بمحاذاة الجدار العازل في أبو
ديس.

◄ أ.ف.ب، 2005/12/1.

93

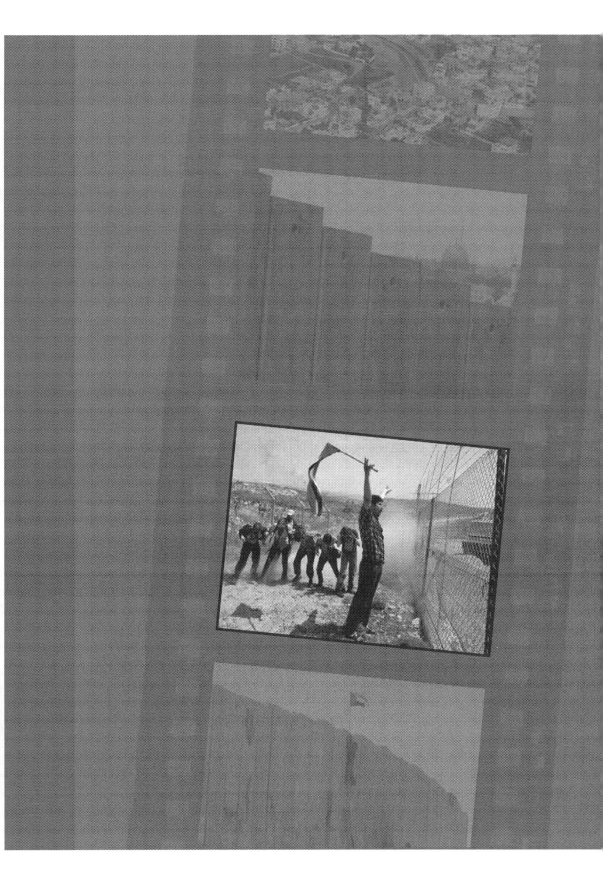

سادساً: في مواجهة الجدار... بلعين نموذجاً

تقع قرية بلعين التي يبلغ عدد سكانها حوالي 1,800 نسمة شمال غرب مدينة رام الله، وتبلغ مساحتها حوالي 4 آلاف دونم، تقضم مستوطنة مودعين عليت أكثر من 800 دونم منها. وفي سنة 2005، أوضحت خطة بناء الجدار الإسرائيلية أن الجدار سيعزل حوال ألفي دونم أخرى منها، أي نصف أراضي القرية[109].

ويروي عبد الله أبو رحمة، منسق اللجنة الشعبية لمقاومة الجدار في بلعين، قصة بداية تظاهرة القرية الأسبوعية ضدّ الجدار العازل قائلاً:

قرية بلعين مثل بقية القرى الحدودية التي تعرضت لبناء الجدار [...] بدأ بناء الجدار فيها في 20 شباط 2005. من تلك اللحظة نحن أهالي قرية بلعين عملنا اجتماعات كشباب، وعملنا على تشكيل لجنة شعبية، هاي [هذه] اللجنة الشعبية اللي تمثل كل القوى الوطنية والمؤسسات اللي في القرية، من اليوم الأول اللي بدأت فيه أول جرافة تشتغل على قرية بلعين كانت المسيرات بصورة يومية، وكانت ذات طابع تقليدي عالي .بمعنى أن نذهب إلى الجرافات ونحاول إلقاء الحجارة على الجيش والجرافات لثنيها عن مواصلة عملها، أهالي القرية رأوا بأنه لا بدّ من أن تواصل هذه المسيرات حتى إزالة هذا الجدار وهدم هذا الجدار وإزالة المستوطنات[110].

وفي تلك الفترة، تواصلت المظاهرات بصورة يومية على أراضي القرية، ليصبح فيما بعد كل يوم جمعة موعداً لتظاهرة بلعين الأسبوعية المناهضة للجدار، بمشاركة مواطنين فلسطينيين وشخصيات وطنية فلسطينية ومتضامنين إسرائيليين وأجانب.

ويقول أبو رحمة: "نحن لن نتوقف، لن نتوقف أبداً"، مضيفاً: "يقولون إن العين لا تقاوم المخرز، هذا المثل ينطبق على أي مكان باستثناء بلعين، هم سلبونا أرضنا، ونحن لن نقف صامتين. هنا أكلنا زيتاً وزعتراً، ولعبنا صغاراً، وهنا دفن آباؤنا وأجدادنا، وهنا سندفن، ومن هنا سيبدأ انهيار الجدار".

أبو رحمة يسكن منزلاً من طابقين، قدم أحدهما للمتضامنين الأجانب، ويعلّق على ذلك قائلاً: "هؤلاء يجب أن يحظوا بمعاملة خاصة، فهم جاؤوا لمناصرة قضيتنا، ونحن نحرص على أن يشاركوا في كل تظاهرة شعبية، فالجيش الإسرائيلي لا يطلق الرصاص الحي على المتظاهرين عند وجود الأجانب"[111].

1. أفكار إبداعية لمواجهة الجدار:

عن الأفكار الإبداعية التي تميزت بها ثورة بلعين، يقول أبو رحمة:

> نحن نعمل هنا بطريقة جماعية ولكل منا اختصاصه، هناك مسؤولون إعلاميون، وآخرون ميدانيون، وآخرون للحراسة، وهكذا.. في كل مرة نحاول اختراع وسيلة جديدة للفت الرأي العالمي فمثلاً، ربطنا أجسادنا بأشجار الزيتون حتى إذا جاءت الجرافات لاقتلاعها تقتلعنا معها، ومرة ربطنا مشانق على أعناقنا وثبتناها فوق الأشجار حتى إذا ما جاؤوا لجرفها جرفونا معها ومتنا، وقد نظمنا عشرات مسيرات الشموع، وأقمنا حفلات موسيقية قرب الجدار، ووضعنا شاشة لعرض المباريات خلال كأس العالم ومرة أقمنا حفل زفاف هناك[112].

كما لجأ أهالي بلعين كذلك إلى محاربة الجدار والاستيطان بالبناء، حيث نجحوا في بناء غرفتين على أراضيهم الواقعة في منطقة بناء الجدار، أولاهما في شهر كانون الأول/ ديسمبر 2005، والثانية بعدها بنحو ثلاثة شهور. وتشكّل هاتان الغرفتان إحراجاً لسلطات الاحتلال التي ترفض وقف أعمال البناء في حي متتياهو–شرق الواقع في مستوطنة مودعين عيلت القريبة، على الرغم من صرار المحكمة العليا الإسرائيلية تجميد البناء فيها[113].

يقول أبو رحمة:

> لقد أثبتنا أمام المحاكم الإسرائيلية أن هذه المستوطنة غير قانونية، وقمنا ببناء هذه الغرفة فجاء الجيش لهدمها بحجة أنها غير قانونية، فعرضنا لهم وثائق تثبت عدم قانونية المستوطنة، وبالتالي لا يجوز التمسك بالقانون لهدم الغرفة، فلم يتمكنوا من الردّ علينا وبقيت الغرفة صامدة حتى الآن ونحن نتناوب على حراستها طوال الوقت.

يشكّل الرسم على الجدار العازل إحدى الوسائل التي لجأ إليها الفلسطينيون والناشطون الأجانب لمقاومته.

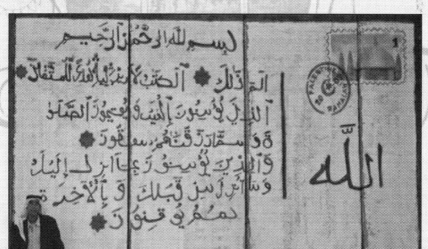

مضيفاً:

من أبرز ما قمنا به أننا أخذنا أغراضنا وألعاب أطفالنا واقتحمنا أنا وعائلتي وعائلة أخرى منزلاً في المستوطنة، ورفعنا العلم الفلسطيني فوقه، وقلنا لهم أنتم جئتم إلى هنا بطريقة غير شرعية ونحن أيضاً ندخل بطريقة غير شرعية، ولن نخرج إلا إذا خرجتم.

وقد جاءت قوات الاحتلال وأخرجتهم من المكان، لكنهم استطاعوا في ما بعد تقديم الوثائق اللازمة، وتمّ هدم عدد من بيوت المستوطنة، واستعاد أهالي بلعين الأرض وكذلك التراب الذي جرف قبل البناء[114].

2. بلعين حقل تجارب للأسلحة:

لم تنجح مختلف الأسلحة التي استخدمتها قوات الاحتلال الإسرائيلية في قمع التظاهرة الأسبوعية أو في إخماد شرارتها، على الرغم من أن شهادات عدّة أظهرت أن القرية تحولت إلى ما يشبه حقل تجارب للأسلحة "غير الفتاكة".

حيث نقلت جريدة الحياة اللندنية في 2005/8/11 عن تقرير لجريدة هآرتس الإسرائيلية، كلام عدد من نشطاء السلام الإسرائيليين والأجانب عن استخدام تظاهرة بلعين كحقل تجارب لهذه الأسلحة. ونقلت هآرتس عن الناشط الإسرائيلي يونتان بولاك Yonatan Pollack قوله إن جنود الاحتلال يجرون تجارب لأنواع مختلفة من الأسلحة "غير الفتاكة"، بهدف اكتشاف "الجيد منها لاستخدامه ضدّ المعارضين لخطة فكّ الارتباط"، التي كانت "إسرائيل" تعكف على تطبيقها آنذاك.

ووصفت الناشطة الألمانية إيفا التي تشارك بشكل دائم في التظاهرات ما شاهدته بالقول:

كانت هناك أسلحة بدت كأنها مأخوذة من أفلام الخيال العلمي. لقد أطلقوا أنواعاً مختلفة من الأعيرة من أسلحة لم نشاهدها في السابق. شاهدت جندياً يطلق من سلاح أتوماتيكي صليات نارية طويلة على أحد المتظاهرين. كنت واثقة أنه قتل الشاب، لكنني فوجئت بالشاب نفسه ينهض ويلوذ بالفرار. لقد أصبت بصدمة.

اقتلعت الجرافات الإسرائيلية أشجار الزيتون فثار أهل القرية دفاعاً عن زيتونهم، لذا هي ثورة زيتونية، شكلت فيها الشجرة المباركة رمزاً إبداعياً لمقاومة فريدة من نوعها.

➤ مهمة خاصة: جدار بلعين، قناة العربية، 2006/10/19، انظر: http://www.alarabiya.net/programs/2006/10/22/28459.html

وأشارت هآرتس Haaretz إلى أن تحقيقاً أجرته في الموضوع بيّن أن تحويل بلعين إلى حقل تجارب لم يتوقف على جيش الاحتلال فحسب، بل مصلحة السجون أيضاً جربت أسلحتها في القرية[115].

كما تحدثت تقارير أخرى عن منظومة واسعة من الأسلحة المستخدمة في تفريق هذه التظاهرة، شملت: القنابل الإسفنجية التي تصيب الأفراد وتسبب لهم رضوضاً كبيرة، والأصوات الموجهة عبر مكبرات ضخمة تؤدي عند توجيهها على شخص ما إلى إلحاق ضرر في أذنه الوسطى، وتالياً فقدانه التوازن الجسدي، والكرات الملحية، وهي كرات صغيرة مليئة بمسحوق الغاز تصيب الأفراد، وأكياس الكرات الحديدية، وهي كيس خيشي صغير يحتوي على نحو مئة كرة معدنية موجهة ضدّ الأفراد أيضاً، والكرات المعدنية التي تصيب المتظاهرين بصدمة كهربائية، والمياة النتنة التي اعتقد المتظاهرون بداية أنها مياه عادمة نظراً إلى شدة نتانتها، إلى أن كشف الجيش في استجوابات صحفية وبرلمانية أنها تركيب كيماوي ينتج رائحة الظربان النتنة.

ولكن مع كل وسيلة قمع جديدة، كان المتظاهرون يجتمعون ويتدارسون وسائل الرد. ومن الأفكار التي طبقوها في هذه التظاهرات استخدام دروع حديد على الصدر للوقاية من الرصاص المطاطي، واستخدام مرايا كبيرة لتوجيه أشعة الشمس على عيون الجنود لإرباكهم ومنعهم من توجيه أسلحتهم نحو المتظاهرين، وارتداء ملابس قديمة غير صالحة أو تغطية الجسم بأكياس بلاستيكية لمواجهة المياه النتنة[116].

عدّت لجنة مقاومة الجدار في بلعين إفلاس شركة حفتسيفا الإسرائيلية التي تعمل في بناء الوحدات السكنية في المستوطنات، ومن بينها المستوطنة المقامة على أرض بلعين، نصراً آخر لها.

فقد كانت المحكمة العليا الإسرائيلية أصدرت في بداية سنة 2007 أمراً بوقف أعمال البناء في حي متتياهو المقام على أراضي القرية، وعدم ربط الشقق التي تمّ بناؤها بشبكات الماء والكهرباء القطرية الإسرائيلية، لحين النظر في الالتماس الذي تقدم به العشرات من سكان قرية بلعين والقرى الأخرى، وبمساعدة منظمات حقوق الإنسان، والذي يؤكد أن ملكية الأراضي التي بني عليها الحي تعود إلى الفلسطينيين.

ونتيجة لهذا القرار لم تتمكن الشركة من الإيفاء بالتزاماتها في تشطيب الشقق في عدد من المستوطنات، وأجبرتها المحكمة على إعلان إفلاسها بناء على دعوى رفعتها البنوك على الشركة لتحصيل ديونها التي تزيد عن 200 مليون دولار، وتحويل ملكية المشاريع التي تقوم بها الشركة للبنوك.

3. تحويل مسار الجدار:

تتمثّل أبرز الإنجازات التي تمكن نموذج بلعين من تحقيقها في قرار المحكمة العليا الإسرائيلية الصادر في 2007/9/4، والذي قضى بتغيير مسار الجدار في محيط القرية. حيث أكدت المحكمة أن "الترسيم المحدد يلحق ضرراً كبيراً بسكان بلعين" وطلبت من الحكومة دراسة ترسيم بديل "في مدة زمنية معقولة"[117].

ولكن "الترسيم البديل" الذي اقترحته الحكومة للجدار، لم يتوافق مع قرار المحكمة المذكور، فردّته المحكمة في قرار آخر صدر في 2008/12/15، كانت صياغته أكثر وضوحاً لناحية المعايير التي يتوجب على حكومة الاحتلال مراعاتها عند تحديد مسار الجدار، ويفترض بموجب هذا القرار أن يسترد سكان بلعين حوالي نصف أراضيهم التي بقيت إلى الغرب من الجدار[118].

وتجدر الإشارة إلى أنه على الرغم من

كون المستوطنة مقامة على أراضي الضفة الغربية بصورة مخالفة للقانون الدولي، إلا أن المحكمة أقرت ضم الجدار للأراضي التي بنيت عليها المستوطنات بحجة "الاعتبارات الأمنية"، مما يُبقي "العدالة" التي يُفترض أن تقدمها المحكمة للفلسطينيين منقوصة، تعيد لهم نصف أراضيهم فقط، فيما تسمح للاحتلال بالاحتفاظ بالنصف المتبقي.

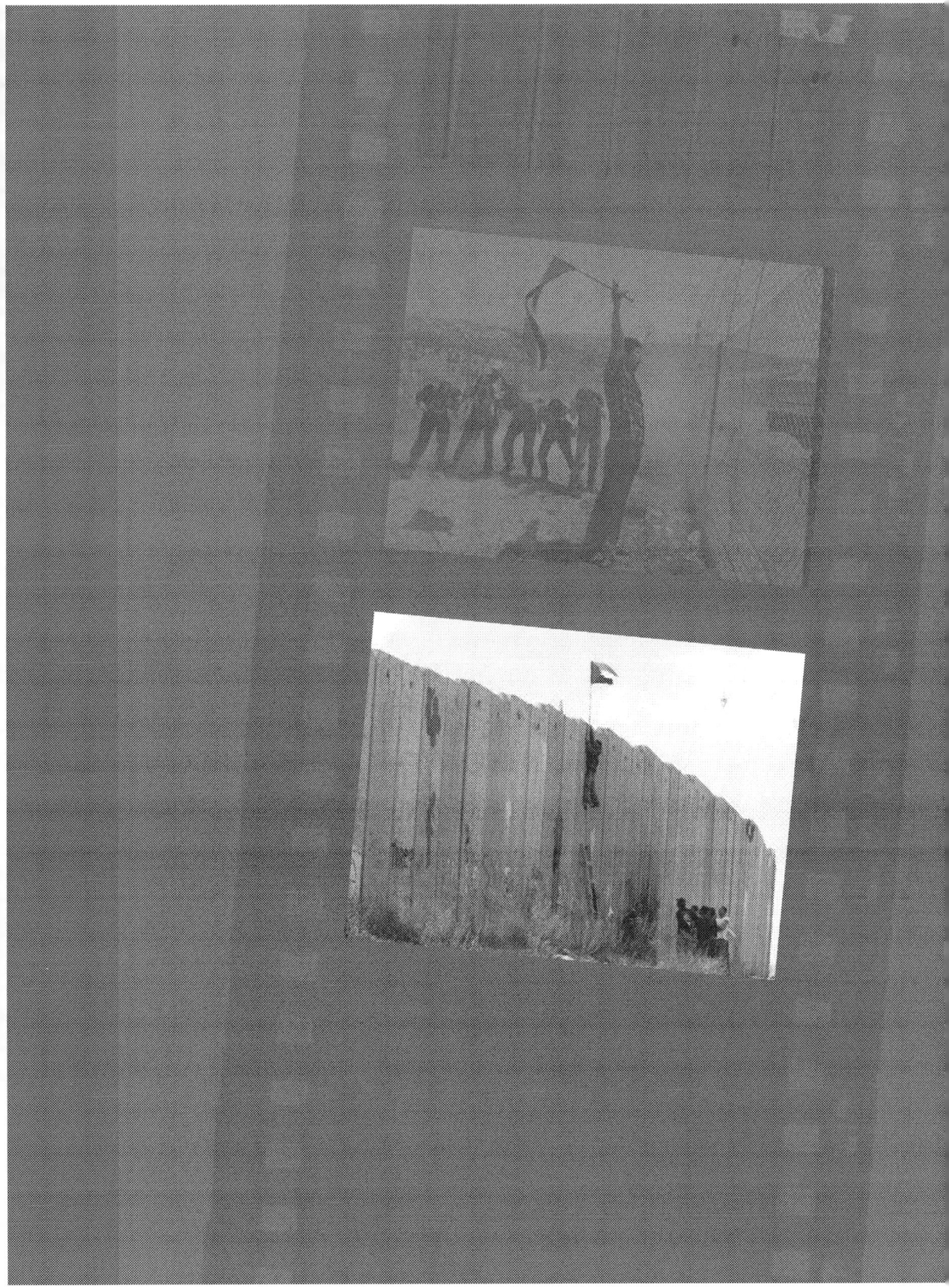

الخاتمة

لقد اتضح في سياق عرضنا السابق أن ما يسمى "جدار الفصل العنصري"، ليس مجرد جدار أو سياج، ولا يقتصر غرضه على الفصل أو الأمن. إنه منظومة متكاملة من الجدران والسياجات والخنادق والعوائق وطرق الدوريات العسكرية وأجهزة الإنذار الإلكترونية. وتحتل هذه المنظومة "شريطاً"من أراضي الضفة الغربية، يتوغل في هذه الأراضي لمسافة تصل إلى عشرين كيلومتراً ويجعلها بحكم المضمومة إلى "إسرائيل"، ويتلوى فيها فاصلاً العديد من القرى والبلدات عن موارد رزقها، والفلاحين عن أراضيهم الزراعية، والطلاب عن مدارسهم.

والأنكى من ذلك، أن منظومة الضم والعزل هذه تطوّق العديد من القرى والمدن، وتقطّع أوصال الضفة الغربية، وتحولها إلى مجموعة من المعازل، وتكرّس التهام الكتل الاستيطانية ومستعرات القدس الكبرى لنحو نصف مساحة الضفة، ما يحيل إلى محض أوهام مجرد التفكير بإقامة دولة فلسطينية ما حتى على جزء ضئيل من مساحة فلسطين الانتدابية. وقد جاءت الخطوة الأحادية الجانب التي اتخذتها "إسرائيل" بفك الارتباط مع قطاع غزة لتصب في الاتجاه نفسه، من زاوية ترسيخها بناء الجدار وتعزيز الكتل الاستيطانية في الضفة.

ولم ترتدع "إسرائيل" عن المضي قدماً في إقامة الجدار وتعزيز الاستيطان وتهويد القدس، على الرغم من فتوى محكمة العدل الدولية في لاهاي بإبطال هذا الجدار ومصادقة الجمعية العامة للأمم المتحدة على هذه الفتوى، وعلى الرغم أيضاً من عشرات القرارات الدولية القاضية بعدم شرعية الاستيطان اليهودي في الأراضي الفلسطينية المحتلة، بما فيها القدس. وما كان ليتسنى ذلك لـ"إسرائيل" من دون التحالف الأشد وثوقاً بينها وبين الولايات المتحدة، ولولا المواقف العربية الرسمية التي تتسم بالعجز، وبما هو أشد وأدهى من العجز.

وهكذا، يواجه الفلسطينيون بالإضافة إلى "جدار الفصل"، عدداً من الجدر الأخرى: جدار الدعم الأمريكي الكثيف لسلطة الاحتلال وسياساتها، وجدار العجز العربي الرسمي، الجدار الذي يفصلهم عن طموحاتهم الوطنية المشروعة وإقرار حقهم في الحرية والعودة وتقرير المصير. وهم، بانتفاضتهم ومقاومتهم، ما يزالون يسعون لهدم كل الجدران.

هوامش

[1] محسن صالح وبشير نافع، محرران، التقرير الاستراتيجي الفلسطيني لسنة 2005 (بيروت: مركز الزيتونة للدراسات والاستشارات، 2006)، ص 66.

[2] B'Tselem, Behind the Barrier: Human Rights Violations as a Result of Israel's Separation Barrier (Jerusalem: B'Tselem, March 2003), p. 6, in:
http://www.btselem.org/Download/200304_Behind_The_Barrier_Eng.pdf

[3] شالوم يروشلمي، "الفصل أحادي الجانب يعبر الخطوط،" مترجم عن العبرية من موقع جريدة معاريف، 2001/6/8، انظر: http://images.maariv.co.il/cache/ART152981.html

[4] Applied Research Institute – Jerusalem (ARIJ), ARIJ Fact Sheet: The Israeli Segregation Plan in the Occupied Palestinian Territory, 9/12/2007, in:
http://www.poica.org/editor/case_studies/view.php?recordID=1105

[5] محسن صالح وبشير نافع، مصدر سابق، ص 65-66.

[6] ARIJ Fact Sheet: The Israeli Segregation Plan in the Occupied Palestinian Territory.

[7] معهد الأبحاث التطبيقية – القدس (أريج)، في ذكرى مرور خمسة أعوام على صدور الرأي الاستشاري لمحكمة العدل الدولية بخصوص الجدار الفاصل في الأراضي الفلسطينية المحتلة، 2009/7/8، انظر:
http://www.poica.org/editor/case_studies/view.php?recordID=2018

[8] انظر: نعيم بارود، الجدار الفاصل: المسار والآثار، بحث مقدم إلى مؤتمر الإسلام والتحديات المعاصرة المنعقد في الجامعة الإسلامية في غزة، فلسطين، نيسان/ أبريل 2007، ص 912-917.

[9] ARIJ, Wall cases are still pending at Israeli Court, 25/3/2006, in:
http://www.poica.org/editor/case_studies/view.php?recordID=799

[10] أريج، في ذكرى مرور خمسة أعوام على صدور الرأي الاستشاري لمحكمة العدل الدولية.

[11] The Jerusalem Post newspaper, 9/7/2009.

12 انظر: أريج، في ذكرى مرور خمسة أعوام على صدور الرأي الاستشاري لمحكمة العدل الدولية؛ وانظر أيضاً:
ARIJ Fact Sheet: The Israeli Segregation Plan in the Occupied Palestinian Territory.

13 ARIJ, Wall cases are still pending at Israeli Court.

14 مكتب الأمم المتحدة لتنسيق الشؤون الإنسانية (أوتشا) – الأراضي الفلسطينية المحتلة، **خمسة أعوام على إبداء الرأي الاستشاري لمحكمة العدل الدولية**، تموز/ يوليو 2009، ص 9، انظر:
http://www.ochaopt.org/documents/ocha_opt_barrier_report_july_2009 Arabic_new.pdf

15 See: The PLO Negotiations Affairs Department (NAD), Israel's Wall and Settlements (Colonies), July 2009, in:
http://www.nad-plo.org/maps/wall/pdf/WB0709.pdf

16 Israel, Ministry of Defense, Israel's Security Fence, in:
http://www.securityfence.mod.gov.il/pages/ENG/operational.htm

17 مركز المعلومات الإسرائيلي لحقوق الإنسان في الأراضي المحتلة (بتسيلم)، الجدار الفاصل، انظر: http://www.btselem.org/Arabic/Separation_Barrier/Index.asp؛ وانظر أيضاً
Israel, Ministry of Defense, Israel's Security Fence, in :
http://www.securityfence.mod.gov.il/pages/ENG/operational.htm

18 أوتشا، **خمسة أعوام على إبداء الرأي الاستشاري لمحكمة العدل الدولية**، ص 24-25.

19 **المصدر نفسه**، ص 24.

20 أنيس مصطفى القاسم (محرر)، **الجدار العازل الإسرائيلي: فتوى محكمة العدل الدولية (دراسات ونصوص)**، (بيروت: مركز دراسات الوحدة العربية، 2007)، ص 87.

21 **المصدر نفسه**، ص 88-89.

22 أريج، لماذا هو جدار حدودي – توسعي وليس أمني كما يدعون، 2007/10/5، انظر:
http://www.poica.org/editor/case_studies/view.php?recordID=1175

23 أريج، تعديلات إسرائيلية على مسار جدار الفصل العنصري: إسرائيل ماضية في التلاعب بحياة المواطنين الفلسطينيين، 2008/10/3، انظر:
http://www.poica.org/editor/case_studies/view.php?recordID=1576

24 International Court of Justice (ICJ), Legal Consequences of the Construction of a Wall in the Occupied Palestinian Territory, Advisory Opinion of 9 July 2004, para.163, in: http://www.icj-cij.org/docket/files/131/1671.pdf

25 Ibid, para. 152-153.

26 انظر: قرار الجمعية العامة للأمم المتحدة في الدورة الاستثنائية الطارئة العاشرة (A/ES-10/L.18/Rev.1).

27 جريدة **الغد**، عمّان، وجريدة **النهار**، بيروت، 2005/9/16.

28 جريدة **الشرق الأوسط**، لندن، 2005/6/22.

29 Yoval Yuaz, State to High Court: Fence route determined not only by security considerations, *Haaretz*, 4/7/2005, in:
http://www.haaretz.com/hasen/pages/595610.html

30 جريدة **القدس**، فلسطين، 2008/7/24.

31 أوتشا، **خمسة أعوام على إبداء الرأي الاستشاري لمحكمة العدل الدولية**، ص 31.

32 أريج، تعديلات إسرائيلية على مسار جدار الفصل العنصري.

33 أوتشا، **خمسة أعوام على إبداء الرأي الاستشاري لمحكمة العدل الدولية**، ص 38.

34 أريج، تعديلات إسرائيلية على مسار جدار الفصل العنصري.

35 المصدر نفسه.

36 جريدة **الأيام**، فلسطين، 2007/9/5.

37 أريج، تعديلات إسرائيلية على مسار جدار الفصل العنصري.

38 بتسيلم، ومخطّطون من أجل حقوق التخطيط – بمكوم، تحت غطاء الأمن: توسيع المستوطنات في ظلّ الجدار الفاصل، أيلول/ سبتمبر 2005، للاطلاع على أهم ما جاء في التقرير انظر:
www.btselem.org/Download/200509_Guise_of_Security_Summary_Arb.doc

39 ARIJ Fact Sheet: The Israeli Segregation Plan in the Occupied Palestinian Territory.

40 بتسيلم، حملة منظمة بتسيلم لتغيير مسار الجدار الفاصل: أمثلة على بعض الحالات، 2006/1/24، انظر:
http://www.btselem.org/arabic/Separation_Barrier/20060124_Campaign_Test_Cases.asp

41 أريج، هل تستعد إسرائيل لإعادة ترسيم حدودها الشرقية: إسرائيل تحاول السيطرة على الأراضي الفلسطينية الواقعة في منطقة العزل الغربي، 2009/8/26، انظر:
http://www.poica.org/editor/case_studies/view.php?recordID=2089

42 جريدة **الحياة الجديدة**، فلسطين، 2007/6/5.

43 محسن صالح (محرر)، **التقرير الاستراتيجي الفلسطيني لسنة 2006** (بيروت: مركز الزيتونة للدراسات والاستشارات، 2007)، ص 255.

44 بتسيلم، 2008/4/3، انظر:
http://www.btselem.org/arabic/Separation_Barrier/20080406_Farun_house_demolitions.asp

45 الجهاز المركزي للإحصاء الفلسطيني، **مسح أثر جدار الضم والتوسع على الواقع الاجتماعي والاقتصادي للتجمعات الفلسطينية التي يمر الجدار من أراضيها**، حزيران/ يونيو 2008، رام الله، فلسطين، انظر:
http://www.pcbs.gov.ps/Portals/_pcbs/PressRelease/wall_a.pdf

46 مركز الإعلام الفلسطيني، نقلاً عن الجهاز المركزي للإحصاء الفلسطيني، **مسح أثر جدار الضم والتوسع على الأوضاع الاجتماعية والاقتصادية للأسر في التجمعات التي يمر الجدار من أراضيها**، آب/ أغسطس 2006، انظر:
http://www.palestine-pmc.com/arabic/pdf/wall3.doc

47 أوتشا، **خمسة أعوام على إبداء الرأي الاستشاري لمحكمة العدل الدولية**، ص 9.

48 **المصدر نفسه**، ص 16، 20، 21.

49 الجهاز المركزي للإحصاء الفلسطيني، **مسح أثر جدار الضم والتوسع على الواقع الاجتماعي والاقتصادي للتجمعات الفلسطينية التي يمر الجدار من أراضيها**.

[50] مسح أثر جدار الضم والتوسع على الأوضاع الاجتماعية والاقتصادية، آب/ أغسطس 2006.

[51] الجهاز المركزي للإحصاء الفلسطيني، مسح أثر جدار الضم والتوسع على الواقع الاجتماعي والاقتصادي للتجمعات الفلسطينية التي يمر الجدار من أراضيها.

[52] مسح أثر جدار الضم والتوسع على الأوضاع الاجتماعية والاقتصادية، آب/ أغسطس 2006.

[53] الجهاز المركزي للإحصاء الفلسطيني، مسح أثر جدار الضم والتوسع على الواقع الاجتماعي والاقتصادي للتجمعات الفلسطينية التي يمر الجدار من أراضيها.

[54] Bimkom, Between Fences: The Enclaves Created by the Separation Barrier (Abstract), October 2006, p. V, in:

http://eng.bimkom.org/_Uploads/4GderotEng.pdf

[55] The World Bank, The Economic Effects of Restricted Access to Land in the West Bank, October 2008, p. 16-18, in:

http://siteresources.worldbank.org/INTWESTBANKGAZA/Resources/ EconomicEffectsofRestrictedAccesstoLandintheWestBankOct.21.08.pdf

[56] أوتشا، خمسة أعوام على إبداء الرأي الاستشاري لمحكمة العدل الدولية، ص 20-21.

[57] Bimkom, Between Fences: The Enclaves Created by the Separation Barrier (Abstract), p. V.

[58] أوتشا، خمسة أعوام على إبداء الرأي الاستشاري لمحكمة العدل الدولية، ص 16، 19، 35.

[59] مسح أثر جدار الضم والتوسع على الأوضاع الاجتماعية والاقتصادية، آب/ أغسطس 2006.

[60] المصدر نفسه.

[61] أوتشا، خمسة أعوام على إبداء الرأي الاستشاري لمحكمة العدل الدولية، ص 39.

[62] الحياة الجديدة، 2005/9/27.

[63] وزارة التربية والتعليم العالي، تأثير جدار الضم والتوسع العنصري على التعليم الفلسطيني، 2006، ص 27، انظر: http://www.moe.gov.ps/publications/wall2006.pdf

[64] المصدر نفسه، ص 4.

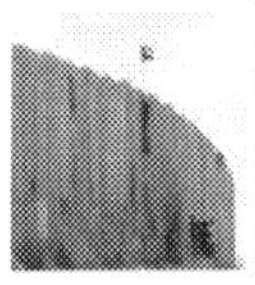

65 مسح أثر جدار الضم والتوسع على الأوضاع الاجتماعية والاقتصادية، آب/ أغسطس 2006.

66 انظر: أوتشا، خمسة أعوام على إبداء الرأي الاستشاري لمحكمة العدل الدولية، ص 35.

67 موقع الحملة الشعبية لمقاومة جدار الفصل العنصري، 2007/7/22، انظر:

http://www.stopthewall.org/arabic/cgi-bin/arabic/publish/printer_300.shtml

68 Ugly Spectre of House Demolitions Looms Over Residents of Tulkarem Village, Palestine Monitor, 5/2/2008, in:

http://www.palestinemonitor.org/spip/spip.php?article284

69 انظر: أوتشا، خمسة أعوام على إبداء الرأي الاستشاري لمحكمة العدل الدولية، ص 37.

70 Face to Face with the Wall in Tulkarem, Palestine Monitor, 21/6/2008, in:

http://www.palestinemonitor.org/spip/spip.php?article472

71 أوتشا، خمسة أعوام على إبداء الرأي الاستشاري لمحكمة العدل الدولية، ص 38-41.

72 المصدر نفسه، ص 39-41.

73 الأيام، 2005/10/3، نقلاً عن وكالة الصحافة الفرنسية.

74 بتسيلم، 2005/7/20، انظر:

http://www.btselem.org/Arabic/Testimonies/20050720_Separation_Barrier_in_Ras_a_Tira_witness_Marabeh.asp

75 بتسيلم، شباط/ فبراير 2007، انظر:

http://www.btselem.org/arabic/Testimonies/20070217_Adel_Omar_died_after_delay_of_medical_treatment_Azzum_Atmah.asp

76 أوتشا، خمسة أعوام على إبداء الرأي الاستشاري لمحكمة العدل الدولية، ص 42-43.

77 موقع الحملة الشعبية لمقاومة جدار الفصل العنصري، 2005/9/17، انظر:

http://stopthewall.org/communityvoices/1017.shtml

78 أوتشا، خمسة أعوام على إبداء الرأي الاستشاري لمحكمة العدل الدولية، ص 46-47.

79 The Imprisoned Village - Al Walajeh's Struggle to Survive, Palestine monitor, 28/8/2007, in: http://www.palestinemonitor.org/spip/spip.php?article3

80 ARIJ, Israel Resumes "House Destruction" Policy in Al Walajeh Village

Northwest of Bethlehem City, 3/1/2007, in:
http://www.poica.org/editor/case_studies/views.php?recordID=976

[81] The House with Seven Walls, Palestine monitor, 3/6/2008, in:
http://www.palestinemonitor.org/spip.php?article450

[82] أوتشا، **خمسة أعوام على إبداء الرأي الاستشاري لمحكمة العدل الدولية**، ص 48-49.

[83] بتسيلم، 2007/11/25، انظر:
http://www.btselem.org/arabic/separation_Barrier/20071125_Forced_Eviction_of_Khirbet_al_Residents.asp

[84] Uprooted and Displaced, Palestine monitor, 7/11/2007, in:
http://www.palestinemonitor.org/spip/spip.php?article169

[85] محسن صالح، **التقرير الاستراتيجي الفلسطيني لسنة 2006**، ص 241.

[86] حول تطور بناء الجدار، انظر دراسة بتسيلم في:
http://www.btselem.org/Arabic?Separation_Barrier/Statistics.asp

[87] أوتشا، **الجدار الفاصل في الضفة الغربية وآثاره الإنسانية على التجمعات السكانية الفلسطينية: القدس الشرقية**، حزيران 2007، ص 14، انظر:
http://www.ochaopt.org/documents/Jerusalem_report_arabic_web_Sept07.pdf

[88] **المصدر نفسه**، ص 14.

[89] ARIJ, Geopolitical Status in Jerusalem Governorate, see:
http://www.arij.org/images/pub/publications_2006/Geopolitical_Jerusalem/Jerusalem_Fact_Sheet.pdf

[90] حول تطور بناء الجدار، انظر دراسة بتسيلم في:
http://www.btselem.org/Arabic/Separation_Barrier/Statistics.asp

[91] أوتشا، **الجدار الفاصل في الضفة الغربية وآثاره الإنسانية على التجمعات السكانية الفلسطينية: القدس الشرقية**، ص 10.

[92] بتسيلم، معطيات حول تجريد حقّ المواطنة في شرقي القدس، انظر:
http://www.btselem.org/arabic/Jerusalem/Revocation_Statistics.asp

93 انظر: عزام أبو السعود، الاحتياجات التنموية للقطاع الاقتصادي، القدس، الغرفة التجارية الصناعية، 2007.

94 الجهاز المركزي للإحصاء الفلسطيني و المركز الفلسطيني لمصادر حقوق المواطنة واللاجئين (بديل)، مسح أثر جدار الضم والتوسع وتبعاته على النزوح القسري للفلسطينيين في القدس، حزيران/ يونيو 2006، رام الله، فلسطين، انظر:

http://www.pcbs.gov.ps/Portals/_pcbs/PressRelease/wallimpact_a.pdf

95 عمر الكرمي، "جدران الفصل في القدس العربية منفى ثالث للشعب الفلسطيني،" مجلة الدراسات الفلسطينية، بيروت، العدد 62، ربيع 2005، ص 139-140.

96 Arnon Regular, *Haaretz*, 23/9/2005; and see also: Palestine Monitor, in: http://www.palestinemonitor.org/nueva_web/articles/features/nowhere_to_go.htm

97 أوتشا، الجدار الفاصل في الضفة الغربية وآثاره الإنسانية على التجمعات السكانية الفلسطينية: القدس الشرقية، ص 44.

98 أوتشا، خمسة أعوام على إبداء الرأي الاستشاري لمحكمة العدل الدولية، ص 14.

99 Toni O'Loughlin, It's Like Living at the End of the World, guardian.co.uk, 9/7/2008, in:

http://www.guardian.co.uk/world/2008/jul/09/israelandthepalestinians

100 Palestine monitor, June 2005, in: http://www.palestinemonitor.org/nueva_web/articles/eyewitness/Beit_surik_wall.htm

101 الجهاز المركزي للإحصاء الفلسطيني ومركز بديل، مسح أثر جدار الضم والتوسع وتبعاته على النزوح القسري للفلسطينيين في القدس.

102 أوتشا، الجدار الفاصل في الضفة الغربية وآثاره الإنسانية على التجمعات السكانية الفلسطينية: القدس الشرقية، ص 27 و25.

103 أوتشا، خمسة أعوام على إبداء الرأي الاستشاري لمحكمة العدل الدولية، ص 13.

104 الجهاز المركزي للإحصاء الفلسطيني ومركز بديل، مسح أثر جدار الضم والتوسع وتبعاته على

النزوح القسري للفلسطينيين في القدس.

¹⁰⁵ المصدر نفسه.

¹⁰⁶ أوتشا، الجدار الفاصل في الضفة الغربية وآثاره الإنسانية على التجمعات السكانية الفلسطينية: القدس الشرقية، ص 35 و31.

¹⁰⁷ الأيام، 2005/10/5.

¹⁰⁸ أوتشا، الجدار الفاصل في الضفة الغربية وآثاره الإنسانية على التجمعات السكانية الفلسطينية: القدس الشرقية، ص 35 و31.

See: ARIJ, The Segregation wall threatening the lands of Bal'in and Saffa ¹⁰⁹ villages- Ramallah Governorate, 6/6/2005, in:
http://www.poica.org/editor/case_studies/view.php?recordID=599

¹¹⁰ مهمة خاصة: جدار بلعين، قناة العربية، 2006/10/19، انظر:
http://www.alarabiya.net/programs/2006/10/22/28459.html

¹¹¹ جريدة السفير، لبنان، 2007/3/2.

¹¹² السفير، 2007/3/2.

¹¹³ انظر: جريدة الأخبار، لبنان، 2007/3/30؛ وانظر أيضاً:
International Solidarity Movement, Villagers expand first Palestinian settlement, 8/2/2006, in: http://palsolidarity.org/2006/02/718

¹¹⁴ السفير، 2007/3/2.

¹¹⁵ جريدة الحياة، لندن، 2005/8/11.

¹¹⁶ الحياة، 2008/8/23.

¹¹⁷ الغد، 2007/9/5.

¹¹⁸ بتسيلم، 2008/12/15، انظر:
http://www.btselem.org/arabic/separation_barrier/20081215_bilin_ruling.asp

إصدارات مركز الزيتونة للدراسات والاستشارات

1. بشير نافع ومحسن صالح، محرران، التقرير الاستراتيجي الفلسطيني لسنة 2005.

2. محسن صالح، محرر، التقرير الاستراتيجي الفلسطيني لسنة 2006.

3. محسن صالح، محرر، التقرير الاستراتيجي الفلسطيني لسنة 2007.

4. محسن صالح، محرر، التقرير الاستراتيجي الفلسطيني لسنة 2008.

5. محسن صالح ووائل سعد، محرران، مختارات من الوثائق الفلسطينية لسنة 2005.

6. محسن صالح ووائل سعد، محرران، الوثائق الفلسطينية لسنة 2006.

7. محسن صالح ووائل سعد، محرران، الوثائق الفلسطينية لسنة 2007.

8. وائل سعد، الحصار: دراسة حول حصار الشعب الفلسطيني ومحاولات إسقاط حكومة حماس.

9. محمد عارف زكاء الله، الدين والسياسة في أميركا: صعود المسيحيين الإنجيليين وأثرهم، ترجمة: أمل عيتاني.

10. أحمد سعيد نوفل، دور إسرائيل في تفتيت الوطن العربي.

11. محسن صالح، محرر، منظمة التحرير الفلسطينية: تقييم التجربة وإعادة البناء.

12. محسن صالح، محرر، قراءات نقدية في تجربة حماس وحكومتها 2006-2007.

13. خالد وليد محمود، آفاق الأمن الإسرائيلي: الواقع والمستقبل.

14. حسن ابحيص ووائل سعد، التطورات الأمنية في السلطة الفلسطينية 2006-2007، ملف الأمن في السلطة الفلسطينية (1).

15. محسن صالح، محرر، صراع الإرادات: السلوك الأمني لفتح وحماس والأطراف المعنية 2006-2007، ملف الأمن في السلطة الفلسطينية (2).

16. مريم عيتاني، **صراع الصلاحيات بين فتح وحماس في إدارة السلطة الفلسطينية**.
17. نجوى حساوي، **حقوق اللاجئين الفلسطينيين بين الشرعية الدولية والمفاوضات الفلسطينية – الإسرائيلية**.
18. محسن صالح، محرر، **أوضاع اللاجئين الفلسطينيين في لبنان**.
19. عباس إسماعيل، **عنصرية إسرائيل: فلسطينيو 48 نموذجاً**، سلسلة أولست إنساناً؟ (1).
20. حسن ابحيص وسامي الصلاحات، **معاناة المرأة الفلسطينية تحت الاحتلال الإسرائيلي**، سلسلة أولست إنسانا؟ (2).
21. أحمد الحيلة ومريم عيتاني، **معاناة الطفل الفلسطيني تحت الاحتلال الإسرائيلي**، سلسلة أولست إنساناً؟ (3).
22. فراس أبو هلال، **معاناة الأسير الفلسطيني في سجون الاحتلال الإسرائيلي**، سلسلة أولست إنساناً؟ (4).
23. ياسر علي، **المجازر الصهيونية بحق الشعب الفلسطيني**، سلسلة أولست إنساناً؟ (5).
24. **معاناة قطاع غزة تحت الحصار الإسرائيلي**، تقرير معلومات رقم (1)، قسم الأرشيف والمعلومات.
25. **معابر قطاع غزة: شريان حياة أم أداة حصار**، تقرير معلومات رقم (2)، قسم الأرشيف والمعلومات.
26. **أثر الصواريخ الفلسطينية في الصراع مع الاحتلال الإسرائيلي**، تقرير معلومات رقم (3)، قسم الأرشيف والمعلومات.
27. **مسار المفاوضات الفلسطينية الإسرائيلية ما بين "أنابوليس" والقمة العربية في دمشق**

(خريف 2007–ربيع 2008)، تقرير معلومات رقم (4)، قسم الأرشيف والمعلومات.

28. الفساد في الطبقة السياسية الإسرائيلية، تقرير معلومات رقم (5)، قسم الأرشيف والمعلومات.

29. الثروة المائية في الضفة الغربية وقطاع غزة بين الحاجة الفلسطينية والانتهاكات الإسرائيلية، تقرير معلومات رقم (6)، قسم الأرشيف والمعلومات.

30. مصر وحماس، تقرير معلومات رقم (7)، قسم الأرشيف والمعلومات.

31. العدوان الإسرائيلي على قطاع غزة: 2008/12/27-2009/1/18، تقرير معلومات رقم (8)، قسم الأرشيف والمعلومات.

32. حزب كاديما، تقرير معلومات رقم (9)، قسم الأرشيف والمعلومات.

33. الترانسفير (طرد الفلسطينيين) في الفكر والممارسات الإسرائيلية، تقرير معلومات رقم (10)، قسم الأرشيف والمعلومات.

34. الملف الأمني بين السلطة الفلسطينية وإسرائيل، تقرير معلومات رقم (11)، قسم الأرشيف والمعلومات.

35. اللاجئون الفلسطينيون في العراق، تقرير معلومات رقم (12)، قسم الأرشيف والمعلومات.

36. أزمة مخيم نهر البارد، تقرير معلومات رقم (13)، قسم الأرشيف والمعلومات.

37. إبراهيم غوشة، المئذنة الحمراء.

38. عدنان أبو عامر، مترجم، دروس مستخلصة من حرب لبنان الثانية (تموز 2006): تقرير لجنة الخارجية والأمن في الكنيست الإسرائيلي.

39. عدنان أبو عامر، ثغرات في جدار الجيش الإسرائيلي.

40. قصي أحمد حامد، الولايات المتحدة والتحول الديموقراطي في فلسطين.

41. أمل عيتاني وعبد القادر علي ومعين منّاع، الجماعة الإسلامية في لبنان منذ النشأة حتى 1975.

42. محمد عيسى صالحية، مدينة القدس: السكان والأرض (العرب واليهود) 1275-1368 هـ/ 1858-1948 م.

43. عدنان أبو عامر، مترجم، قراءات إسرائيلية استراتيجية: التقدير الاستراتيجي الصادر عن معهد أبحاث الأمن القومي الإسرائيلي.

44. عبد الحميد الكيالي، محرر، دراسات في العدوان الإسرائيلي على قطاع غزة: عملية الرصاص المصبوب/ معركة الفرقان 2008/12/27-2009/1/18.

45. سمر البرغوثي، سمات النخبة السياسية الفلسطينية قبل وبعد قيام السلطة الوطنية الفلسطينية.

46. سامح خليل الوادية، المسؤولية الدولية عن جرائم الحرب الإسرائيلية.

47. رأفت مرة، الحركات والقوى الإسلامية في المجتمع الفلسطيني في لبنان: النشأة – الأهداف – الإنجازات.

48. Mohsen Saleh and Basheer Nafi', editors, *The Palestinian Strategic Report 2005*, Beirut, 2007.

49. Mohsen Saleh, editor, *The Palestinian Strategic Report 2008*, Beirut, 2010.

50. Mohammad 'Arif Zakaullah, *Religion and Politics in America: The Rise of Christian Evangelists and their Impact*.

51. 'Abbas Isma'il, *The Israeli Racism: Palestinians in Israel: A Case Study*, Book Series: *Am I not a Human?* (1).

52. Hassan Ibhais, Mariam Itani and Sami al-Salahat, *The Suffering of the Palestinian Women under the Israeli Occupation*, Book Series: *Am I not a Human?* (2).

53. Mohsen Saleh and Ziad al-Hasan, The Political Views of the Palestinian Refugees in Lebanon as Reflected in May 2006.

54. Ishtiaq Hossain and Mohsen M. Saleh, American Foreign Policy & the Muslim World.

T0157654

Printed in the United States
By Bookmasters